給青年人的哲學書

——黑格爾法哲學思路

郭元素 著

藍海文化

資料來源：維基百科

■ 國家圖書館出版品預行編目（CIP）資料

給青年人的哲學書：黑格爾法哲學思路 / 郭元素著 . -- 初版 .
-- 高雄市 : 藍海文化事業股份有限公司 , 2023.03
面； 公分
ISBN 978-626-96381-1-6 (平裝)

1.CST: 黑格爾 (Hegel, Georg Wilhelm Friedrich, 1770-1831)
2.CST: 學術思想 3.CST: 法律哲學

580.1 112000104

給青年人的哲學書——黑格爾法哲學思路

初版一刷・2023 年 3 月

著者 郭元素
封面設計 毛湘萍
發行人 楊宏文
總編輯 蔡國彬
出版 藍海文化事業股份有限公司
地址 802019 高雄市苓雅區五福一路57號2樓之2
電話 07-2265267
傳真 07-2264697
網址 www.liwen.com.tw
電子信箱 liwen@liwen.com.tw
劃撥帳號 41423894
臺北分公司 100003 臺北市中正區重慶南路一段57號10樓之12
電話 02-29222396
傳真 02-29220464
法律顧問 林廷隆律師
電話 02-29658212

ISBN 978-626-96381-1-6 (平裝)

藍海文化事業股份有限公司
Blue Ocean Educational Service INC

定價：200 元

推薦序

〈那個在春天點亮的孩子〉／白岩

那個在春天點亮的孩子
早已忘了疼痛
天空曾以星星餵養他的靈魂
以雲彩注入他的體液
所以那雙多變的眼睛
經常性流浪
在風能抵達的地方

我知道，那是個唯心的孩子
在點亮世界的一刻
就注定與四季競逐
與遼遠的呼聲，在春天
緊緊的聚合
即使那條岩板路上
蜿蜒著紫色的藿香薊

那個孩子，我知道
他將在濃郁的土地滋長
飽含著溫度
即使霧色漫漫
直抵天涯

白岩，現代詩人，本名郭鴻義，出生於台灣新竹，詩文嶔崎瑰麗 ，餘韻未已。本書成於三月，是稱之為「春天的孩子」。

自　序

哲學是無用但卻有大用之學，它不涉及謀生的技藝，但卻是極佳的輔助，據以養成邏輯概念、理性思辨能力以及適合自己的人生觀。

有哲學內涵的人，不見得是旁人眼中的謙恭之輩，因為他不隨風起舞、曲昧良知，也許是旁人眼中的不識時務者，但絕對是赤忱之士，因為他有道德意識、循道而行。

人間的試煉，束縛人心的兩道高牆：「法律」與「道德」，對於不法者化成兩「獄」：俗世的「監獄」及彼岸的「地獄」，哲學正是有助於解脫此二獄，帶領趨向身心自由之道。

哲學家康德說：啟蒙是自身脫離「自我遭致」的幼稚不成熟狀態，這種幼稚的狀態並不是自身欠缺理性，而是習慣性地放棄自我的思考和判斷，自願俯首聽命於外在的權威所驅使[1]。

“Enlightenment is the human being’s emergence from his self-incurred minority. Minority is inability to make use of one’s own understanding without direction from another.”

理性跟智商無關，是一般人出生就本來俱足的，只是需要被啟發而已。

人格教育與理性教育是最重要的教養環節，本書嘗試用淺明簡要的方式來介紹黑格爾《法哲學》，希望能為青年「啟蒙」盡到一份心力，並達到篇幅精簡、通俗明晰等要求。人生七十才開始，對於老青年而言，智慧之光也永遠不會嫌遲。

具備求知的勇氣、養成閱讀的習慣以及深刻的思維方法是擺脫庸俗與虛

1　Immanuel kant, *An Answer to the Question: What is Enlightenment?*, *Practical Philosophy*, Cambridge University Press, translated and edited by Mary J. Gregor, 1996.

無的不二法門；運用踐踏自身或他人的「人格」的方式去求取精神與物質利益，是最不值得的事，但卻是現今社會的常態。因為我們的教育始終偏向外在的技術性，而不是內外兼備的全人教育。

僅藉黑格爾 1818 年 10 月 22 日在柏林大學的就職講辭，寄望於未來的國家棟樑：

> 「我祝願並且希望，在我們所走的道路上，我可以贏得並值得諸君的信任。但我首先要求諸君信任科學，相信理性，信任自己並相信自己。追求真理的勇氣，相信精神的力量，乃是哲學研究的第一條件。人應尊敬自己，並應自視能配得上最高尚的東西。精神的偉大和力量是不可以低估和小視的。那隱蔽著的宇宙本質自身並沒有力量足以抗拒求知的勇氣。對于勇毅的求知者，它只能揭開它的秘密，將它的財富和奧妙公開给他，讓他享受。」[2]

Hegel 1818

〈Inaugural Address, Delivered at the University of Berlin〉

> *"May I express the wish and hope that I shall manage to gain and merit your confidence on the path which we are about to take. But first of all, the one thing I shall venture to ask of you is this: that you bring with you a trust in science, faith in reason, and trust and faith in yourselves. The courage of truth and faith in the power of the spirit is the primary condition of philosophical study; man should honor himself and consider himself worthy of the highest [things]. He cannot overestimate the greatness and power of the spirit; the closed essence of the universe contains no force which could withstand the courage of cognition; it must open up before it, and afford it the spectacle and enjoyment of its riches and its depths."* [3]

---

2 中譯文引自先哲賀麟《小邏輯》譯本第 34 頁，譯文典雅優美，讀者可一併參照英文文本。

3 Hegel, *Political Writings*, p185.

引 言

「絕對者」是一切存在的最高真理：真、善與美的同一，超越時間與空間侷限的永恆性與無限性，稱之為「絕對自由」。「人」居於天地之間而為萬物之長，憑藉思維能力可以領悟真理，逐步親近「絕對者」。

思維能力的本源是無垠的自由之海，正好與「絕對者」的自由本質相契合，自由思維同樣可以超越時間與空間，追尋宇宙的真理。相反的，自由思維因為漫無邊際，也可能落入癲狂夢想之境。所謂的思想，並不是胡思亂想，而是有對象、有方法的理性思辨。

義大利文藝復興時期的拉斐爾在〈希臘學院〉壁畫中真切地描繪了希臘三哲人的圖像，其中蘇格拉底正與旁人展開詰辯（辯證法）；柏拉圖手指著蒼穹（宇宙理則）；亞里斯多德則手指向前方（經驗事實）。意喻著：真理是可以透過人類思維從「理性」與「經驗」兩方面加以揭露的，不過需要的是正確的思維方法。

為了分析上的便利，通常將思維能力細分為「感性」、「知性」與「理性」三個階層。「感性」是一種感官能力，在行動上表現為欲望的衝動；「知性」是對於感官材料的綜合能力，在行動上表現為利弊得失的精巧算計；「理性」則是一種創設普遍法則的能力，在行動上則追求生命的價值與目的。因此，「感性」的人由欲望所引導，生性敏感而崇尚力量；「知性」的人由利益所引導，精明而擅於籌劃；「理性」的人由義理所引導，富有智慧而客觀衡平。

健全的政治民主制度必須伴隨「自由」跟「理性」，其中「理性」尤為根本。個人「理性」的喪失稱之為「氓」，凡事訴諸暴力與私利；群體「理性」的喪失稱之為「群氓」。

為何會演變成「群氓」之流？例如中世紀的十字軍東征（福音對異教）、清末的義和團與八國聯軍（符法對槍砲），屬於宗教心理學的誤用；二次世界大戰時的德國納粹主義（良血對劣種），則是生物進化論的誤用，其通病正是以偏概全，以私見替代理性。

欠缺理性的人容易迷失及堅持一種虛構的意識形態，如血統、習俗、天啟、神諭、禮教、陰陽占卜等等藉口，或者迷失於現實名利的誘惑，相互勾串的結果就成了一股盲流，原本具有獨立思辨能力的人，卻被集體綁架，淪落為煽惑者或野心家的犬馬走卒，因而喪失了最基本的人身「自由」，設想日本「神風特攻隊」隊員們出發前的無奈思緒吧！

無知、偏執與頑劣之輩固然可鄙，但是一旦與政治權力相結合，便有可能在軟弱的人群中呼風喚雨，甚至造成腥風血雨。

「政治」首先涉及「權力」，須知「權力」的本質就是「暴力」與「恣意」。從歷史演進上來看待這種「濫權」肆虐的情況，如生人獻祭、活人殉葬、奴隸世襲、坑殺戰俘、罪誅九族、凌遲剝皮等等……，直至今日，違背人性尊嚴的荒謬之舉仍所在多有，不禁慨歎歷史上的無數冤屈犧牲是否只是枉然！人類似乎無法學會簡單的一句話：尊重自己是人，同時也尊重別人是人。

所謂「強凌弱、眾暴寡」，自古至今無一例外，「權力」不管包裝的再精緻親民，本質就是一種必須嚴加監督管控的暴力；另一方面，政治也涉及「權利」，起源於對於上述暴行的反思，為了保護無辜者，只有在每個人周遭圍起一圈實質上或精神上的防護網，包括權力結構的分化制衡、法律規範、道德制約或宗教戒律等方式。凡生之為人，在某種特定範圍之內，特別是自由權、生命權與人格權，是任何外部力量所不能任意侵犯的。

社會本是一個物質與精神的雙重試煉場，在人與神、真與假、善與惡、正與邪之間，充斥著數不盡的異端邪說與巫蠱之徒，如何擺脫這些自欺欺人的魑魅魍魎，只有依靠自我「啟蒙」。

自我「啟蒙」的功用，不在於使自己晉身於聖賢之流，而是培養理性思考能力，使自身成為一個有真知正見及判斷力的「理性人」。

昨日的真理往往是今日的謬論，而現今的真理又何嘗不是明日的迷信。文明發展的歷史只證明一件事：人類社會的互動關係之中，並不存在所謂至高無上的「絕對真理」，至多只是特定時空中的「合理性」罷了。

所以「真理」的摯友必須是謙遜與寬容，養成能夠傾聽與容忍不同意見，是邁向「理性人」的第一步。

「知識」是人類文化的理性積累，自從蘇格拉底被雅典人民以崇拜異神和煽惑青年而被判死刑[4]以來，人類邁向文明之路是先知先哲們與難以計數的無辜者的血淚屍骸所堆積而成的。誠如古希臘德爾菲箴言所言：「認識你自己！」[5]，其實是在警示：人啊，你應該認識自己的無知與渺小，進而察納雅言、謙卑處世。

當人們放任感性衝動，慷慨激昂、肆無忌憚，自認為摧枯拉朽、無所不能的時候，人類的悲劇就即將發生。每個愛因斯坦旁邊總是隱藏著一個撒旦的化身，越偉大的發明總伴隨著更危險的毀滅力量，火藥是如此（炸彈）、核子裂變是如此（原子彈）、基因解碼（生化病毒）更是如此，個人需要理性自律，群體更需要理性節制。

在文明長河中出現過的思想巨擘正是我們可以依賴的對象，只有站在巨人肩上俯瞰萬物，才能距離璀燦的星空更近一步。吸取過往賢哲的真知灼見，進而培養出自己的人生之「道」，是邁向理性人的第二步。

或許有人會質疑：一個十九世紀的哲學家能給我們帶來甚麼好的觀念？這種批評正如同認為道家的老子、莊子、佛學的金剛經、六祖壇經都是過時

---

4 蘇格拉底之死的詳細內容，可以參看柏拉圖的：申辯篇（Apology）、克里托篇（Crito）與斐多篇（Phaedo）。另外，正如同馬庫色所言：「雅典人宣判蘇格拉底死刑的同時也正自我宣判雅典的死刑。」參見 Herbert Marcuse, *Reason and Revolution*, p. 244.

5 古希臘德爾菲阿波羅神廟箴言（Delphic Maxims）：「認識你自己」（Know thyself）。

著作一樣的膚淺心態。須知隨著人類科學文明的進化，精神文明卻無法跟上腳步，甚至更加墮落。人性的心靈素質無法提升，物質世界就充滿詭詐、壓迫與仇怨，距離人的自由與解放之路就更遙遠。這些具有意義的哲學思想不管如何久遠，其啟迪指引世人的精神力量是永不缺席的。

「人」之所以可貴在於能自由思維，而所謂的思維，不是天馬行空的臆想，而是運用一種合理的邏輯方法，再藉由感知力、創造力及實踐力，將抽象概念轉化為現實，人類社會制度與科學文明才能不斷開展。

本書正是推介給年青的求知者這麼一塊精神墊腳石，因為《法哲學》涉及層面廣泛且論理深刻，包括：民法學、刑法學、犯罪學、行政法學、倫理學、宗教哲學、國家學及歷史哲學等等豐富內涵，最有助於拓展視野及理性培養。

《法哲學原理》一書出版於 1821 年，雙標題為：《法哲學概述或自然法與政治科學綱要》（*Grundlinien der Philosophie des Rechts oder Naturrecht und Staatswissenschaft im Grundrisse*），英譯者 T. M. Knox 將書名直接翻譯為《黑格爾的法哲學》（*Hegel's Philosophy of Right*），本書則簡稱之為《法哲學》。

《法哲學》是黑格爾生前最後著作，也是思想最成熟的作品，但其艱澀程度有如哲學界的喜馬拉雅山，仍讓一般人望而卻步，筆者雖戮力於降低其陡峭險絕的程度，但攀登其上仍將汗如雨下，累喘吁吁，但是只要奮力登上峰頂，那怕是力有不逮，僅立足於半山坳處，亦能領略山河大地之美。如能將這一套「辯證思維」內化為自身的思考方法，不僅有助於自我啟蒙，在往後學業深造或職場運用上將長久受益。

最後，對於抽象哲學的理解，依據個人慧根而殊異，本書僅是筆者一己之管見，詮釋方式或許不是當前學界的通解，然而對於一個意圖探究生命真相並解索自由之道的人，「無愧」是最重要的。畢竟對於「造物者」而言，我們都是有如坐井觀天的水蛙，企圖掙脫「柏拉圖洞窟」[6]的野蠻人而已。

圖 1：拉斐爾〈雅典學院〉壁畫局部

資料來源：維基百科。

6　柏拉圖「理想國」第七卷開頭描述了「洞穴囚徒」(The prisoners of cave) 之喻，這些被禁鎖在洞穴中背對火光的人們，對於面前的昏暗影像指手畫腳、評論真假；其中一人轉身而起，在洞穴外看到了火把、也見到了光明的源頭：太陽，明白了事物的真相。回到了洞窟中對這些囚徒們訴說起所見所聞，卻被嗤之以鼻、斥為妄言。世上敢於走出「柏拉圖洞窟」的人不多，能認識真理的人更加少有，只有透過自己的「心靈轉向」，才能脫離陰暗的囚籠，迎向洞穴外的光明。參見：Plato (1997), *Complete Work*, pp. 1132-1136.

綱 要

開宗明義必須先了解「法」的定義，從語義學上來說，德語的「recht」或法語的「droit」，在客觀上表示規則或規範，即相當於英語的「law」(法律)；在主觀上則表示正當或公理，即相當於英語的「right」(權利)，所以有些學人把它翻譯成「法權」，意義上是不錯的。

「辯證法」必須理解為一種變形蟲的思維模式，碰到阻礙時它會採取吞噬、包圍、溶解、吸收、滲透等方式，如果對象強大到無法征服，它便會自我分解融入對方，並伺機從對象內部吸取養分再生。

《法哲學》的思維方法正是辯證法，整個推理模式從「個人」開始，「人」先天上就具有「人格」，能夠向外爭取自由，而自由的第一道束縛就是外在的「物」，為了維持基本生存，「人」必須征服「物」，占有並利用它，以便滿足需求，這個過程產生「所有權」。

自由的第二道束縛就是「他人」，別人也同樣是「人」，也必須對於「物」進行占有與使用，因此人與人之間的你爭我奪必須化解，成立雙方合意的「契約」。

「契約」是私人之間的合意，難免遇到內容不公平或惡意毀約的情形，因此必須有一種客觀的「實定法」來規範彼此的行為，對於「不法」的行為必須予以究責，包括民事的損害賠償或刑事上的刑罰，以保障社會秩序的穩定。

具有強制力的「形式法」就是自由的第三道束縛，當受到「法」的強制處罰之時，「個人」會懷疑這種外在的「法」根本是不符合公平正義的，個人只是因為畏懼受罰而被強迫接受，所以「法」在這裡並沒有受到真正的心悅誠服，所以又稱為「抽象法」。表示這種「法」雖然存在，但只是一個沒有受到真正心理認同的外在軀殼而已。

「抽象法」的推理以「不法」與「刑罰」作為結束，我既然在「抽象法」之中不能獲得自由，只能轉向內在，從內心去追尋自由的真諦，邁向「道德」的領域。

「道德」的推理從「意志」(行為的決斷能力)開始，「人」經過內在的反思知道自己是行為的「主體」，經過思考將內心所想的東西變成實際的行為，並為自己的行為所產生的結果負責，這個階段就是「故意」與「責任」。

但是有些行為的後果並不是我想這麼做，但卻因為偶然的原因而發生了，例如放煙火而引起火災，或者好意給遊民麻糬卻造成噎死的意外，因此為了更細膩的歸責，必須進一步分析行為的「動機」與「目的」。

一般人的行為總是具有一定的「目的」，不外乎為了自己的利益、為了他人的利益或者眾人的利益。這種「利己」、「利他」、「利眾」的事業，稱之為「福利」，即謀取某種物質上或精神上的「幸福」。例如農人為自己挖掘灌溉溝渠以利於耕種，是「利己」，一併為比鄰農戶挖掘溝渠，是「利他」，大禹治水則是「利眾」。具有「目的性」的道德行為不外乎這三者，這個階段就是「意圖」與「福利」。

但是有些「意圖」是好的，卻利用不良的手段，例如劫富濟貧的獨行俠；有些「意圖」是壞的，卻是「利他」的行為，例如貪污的議長用贓款捐助弱勢團體，營造慈善形象，以便爭取連任，稱之為「偽善」，因此必須建立起更深入的道德判別標準。

整個行為的「動機」與「目的」都必須經過一種「道德準則」來確認，確保行為的「良善」，這種「道德準則」的自我確信就是「良心」，其實透過「自省」，一個行為的善與惡，行為人自己心知肚明。符合自己的「良心」，並且造福了自己、他人或群體，這就是「善行」。更為高尚的還有一種只求奉獻不求回報的道德行為，稱之為「道德義務」。

當我的行為都經過我的「自我確信」並產生好的結果，在「良心」與「善行」之中，我覺得我是自由的。當然，如果違背自己的良心，做了某些惡行，不僅受到外在法律制裁，更需承受自己的內心的譴責，便會陷入不自由的深淵。

但是還有一種真正的惡人，在內心中自始就是欠缺良知的，這類人將一般人認為的「惡」當成是絕佳的「善」，這種人魔例如種族屠殺者希特勒就是一個典型的範例，殺人如麻卻覺得對人類進化大有助益。因此，對於善惡的判斷，不能全然依據內心的自我確信，否則很容易指白為黑，指鹿為馬。必須有一種更客觀的社會規範來確定何謂真正的「善行」與「惡行」，這個標準稱之為「倫理」。

《法哲學》所稱的「倫理」卻不是一般的行為規範，而是具有道德內涵與法的外觀的具體化的現實存在，包括「家庭」、「市民社會」與「國家」，是「活生生的善」，稱之為「精神實體」。

如果一個人在「家庭」中努力營生、鍾愛家人並無私奉獻；在社會上貢獻所能並取得正直的回報；作為國家的公民，盡義務享權利，以自己的國家為榮。這樣的個人行為就可以客觀的被稱為「善」。

整個《法哲學》就以「民族國家」作為至高點，國家以上的國際社會就是爭奪國家利益的世界戰場，每個時代都有一個最高的文明產生，稱之為「時代精神」，串聯起每個時代精神，就成為人類的文明史，稱之為「世界精神」或「世界歷史」。

當然做為自由思維主體的我們，必須對這種看法進行反思，推敲一下這種學理是不是最符合人性與人類福祉，作者從辯證角度，整理了四個哲學巨擘的相關理論：康德主張的人類永久和平倡議、諾錫克主張的國家權力最小化、凱爾森提出的純粹法規範體系以及與羅爾斯的正義論。透過這些理論的相互比較，每個人都能依據自由思維與慧性，建立起合宜的人生觀，營造自己的「理想國」或「烏托邦」。

人類的科學文明一日千里，但是沒有良好的人品素質的世界公民，所有的科學工具都會成為人類喪失自由的武器，偏偏人類精神文明的進步卻是遲滯落後的。筆者衷心希望讀者能獲得求知的喜悅與激勵，少點物欲競逐，多點理性寬容，成為一個真正的「人格者」:「作為一個人，也尊重別人是人。」[7]

"Be a person and respect others as persons"

如果閱讀至此已經感覺疲憊乏味，請直接跳轉至第七章第三節結論部分，如此亦可掌握本書所要表達的自由信念。諸君如仍感覺興味盎然，請繼續邁開你的腳步，進入正文章節。

7 Hegel, *Philosophy of Right*, §36.

目 次

CHAPTER

01

時代背景與哲學體系

黑格爾是一個奇特的哲學家，知名的思想家卡爾・巴柏（Karl Popper, 1902-1994）在其名著《開放社會及其敵人》中稱他為「革命的火藥庫」[1]；相對的，當代政治哲學家約翰・羅爾斯（John Rawls, 1921-2002）在《道德哲學史講演錄》中則視他為「溫和、進步、具有改良頭腦的自由主義者」[2]，共產主義奠基者卡爾・馬克思（Karl Marx, 1818-1883）在《黑格爾法哲學原理批判導言》中更指稱：「德國國家哲學與法哲學保持的最完整、最豐富與最系統性是黑格爾」[3]。

黑格爾何以具有如此多元的形象？正是因為黑格爾《法哲學》主要探討「自由」概念，但是歷來西方思想家對於「自由」的定義以及界限，卻有著多元且歧異的看法，特別是關於「個人自由」與「集體自由」的爭議，從「無政府主義」、「自由主義」到「國家主義」，都口沫橫飛的談論著他們的自由觀。黑格爾所運用的「辯證法」，嘗試將正反不同的見解融合在一起，也因此仁者見仁、智者見智，端看後來的思想家著重的視角而定。黑格爾雖然成為歷史上難以界定的哲人，但不足以影響其思想的深邃與偉大。

本書的主題對象正是如此引人入勝的哲學家，以下著者將隨著辯證法的思路，從黑格爾的時代背景開始，逐步深入淺出的詮釋黑格爾的《法哲學》：「法」、「道德」、「倫理」、「國家」、「時代精神」與「世界歷史」。

法國大革命的思想導師盧梭在《社會契約論》中企圖解決一個難題：

> **「尋求一種結合的方式，它應能以全部的共同力量保衛每個成員的人身及財產，而且藉由此一結合，每一個與全體相聯合的個人，能夠仍然只**

---

1 卡爾・巴柏在《開放社會及其敵人》中寫道：「在 1815 年的時候，反動派開始在普魯士重新掌權，它發現自己迫切需要一種意識形態。黑格爾受命來滿足這種需要。他通過復活開放社會的最初幾位大敵——赫拉克利特、柏拉圖和亞里士多德的觀念，來滿足這一要求。」參見 Karl Popper, *The Open Society and Its Enemies*, volume2, p. 25.

2 John Rawls, *Lectures on the History of Moral Philosophy*, p.330: “I interpret Hegel as a moderately progressive reform-minded liberal, and I see his liberalism as an important exemplar in the history of moral and political philosophy of the liberalism of freedom.”

3 馬克思，《黑格爾法哲學原理批判導言》，馬克思恩格思選集（卷一），北京：人民出版社，1995，頁 8。

是服從他自己，並且像未結合之前一樣自由。」[4]

"To find a form of association that may defend and protect with the whole force of the community the person and property of every associate, and by means of which each, joining together with all, may nevertheless obey only himself, and remain as free as before." Such is the fundamental problem of which the social contract provides the solution."

這個「盧梭問題」正是探求個體如何在集體中獲得自由的解決之道，人民權利與國家權力成為不可解的政治孿生子。就黑格爾而言，「盧梭問題」其實正是「黑格爾問題」，《法哲學》思路正是他的回應。

第一節　歷史背景

黑格爾生於公元 1770 年德國西南部斯圖加特（Stuttgart），卒於公元 1831 年柏林大學校長任內，這個時期正是歐洲「雙元革命」的核心年代（1789-1848），所謂的雙元革命就是英國的工業革命及法國大革命，由於科學工業的發展、中產階級興起與民主意識的覺醒，引發了整個歐洲政治制度與社會制度的變革。

當時世界的動能正由英國及法國兩座火山口噴發，工業革命自英國起始，展開對物質世界的征服，對理性、財富、科學文明的崇拜以及人類控制自然的信念，取得壓倒性的力量；在政治上由於專制君主體制的奢靡腐化，法國大革命隨之在精神的世界豎起自由、平等及博愛的旗幟，進而在現實世界敲響封建專制主義的喪鐘，促使歐洲封建制度瓦解，近代意義的國家憲政理念則逐漸傳播成型。

但是相對保守的德意志地區，當時還是處於各地領主割據的階段，特別是在 1806 年普法戰爭普魯士敗給拿破崙之後，更分裂為以普魯士、奧地利

4　Jean-Jacques Rousseau, *The social contract and The first and second discourses*, p. 163.

哈布斯堡王朝、以及親法的萊因邦聯等三大勢力。哲學家費希特（Fichte）挺身而起，於1807至1808年，在柏林科學院公開講演，〈告德意志國民書〉中竭力呼籲德意志民族情感，建立統一的德意志民族國家，形成當時知識份子的普遍精神共鳴。

德意志的統一進程是由黑格爾死後才開始，一直到1864年在鐵血宰相俾斯麥主政下打敗丹麥，發出統一的號角，復於1866年的普奧戰爭中擊敗奧地利，成為「北德意志同盟」的領袖。1870年在俾斯麥外交與軍事上的精心策畫下擊敗法國，相較於1806年10月27日拿破崙以凱旋姿態，穿越普魯士的勃蘭登堡門進入柏林，普魯士舉國整軍經武65年，終於在1871年一雪前恥，普魯士國王威廉一世在巴黎凡爾賽宮加冕，完成德國統一大業。

如以德國完成統一當成德意志民族歷史的重要里程碑，普魯士先後擊敗奧、法，掃除統一障礙，並於黑格爾死後四十年完成德意志統一。我們可以肯定的說，處在號召國家統一旗幟之下的民族精神醞釀期，在黑格爾的政治思維中必定隱含促進德國統一的強大歷史因子，所以在進行黑格爾《法哲學》研討時，應對此特別留心，以免落入將黑格爾過度解說成保守反動的同路人、極權主義的火藥庫或開放社會的敵人等片面思維之中。

第二節　思想背景

正當歐洲大陸發生巨大社會變革時，德意志地區卻悄然醞釀一場影響深遠的思想革命，這場革命是由偉大的啟蒙運動哲學家康德（Immanuel Kant, 1724-1804）奠基的，他針對當時經驗主義的懷疑論（Skepticism）及形而上學的獨斷論（Dogmatism）進行調和，並提出著名的批判論（Criticism）：知識上的《純粹理性批判》、倫理上的《實踐理性批判》[5]。

懷疑論者認為人的認知都是感官經驗而來的，本身是一種思考的慣性，

5　康德著名的三大批判還包括美學上的《判斷力批判》，與本書論述較無關係。

所以經由「歸納」既有經驗得來的規律，例如因果律，只是時間的接續性所產生的感官連結，並不具有什麼不變性或真理性，如果有的話也是人類的自以為是的錯覺。所以一切知識上的通則皆是感官的習慣所致，凡事必有例外，此種看法對於人類掌握知識真理的能力顯然太過悲觀。

獨斷論者則認為僅依賴人類思維理性及純粹概念的「演繹」，就能進行知識的建構，這種理念源於力學、數學、幾何學的定理建構，最後甚至擴展到對於「生命」、「世界」、「靈魂」、「上帝」等超越感官現實或經驗上難以捉摸的對象，並對之提出具有必然性的概念解說，這種態度對於人類認識真理的思維能力又過度樂觀。

如同哥白尼（Nicolaus Copernicus, 1473-1543）確認了地球並非宇宙的中心，翻轉了人類對於自然世界的視角；康德則藉由對於人類認識能力及其界限的細緻分析，強調作為認知主體的自我，在先天上就擁有一般的思維直觀形式（時間、空間與範疇），一方面確認了認識確實離不開經驗對象，但是認識的先天條件卻是存在於人類認知能力之中，如果欠缺這種「經驗之先」（a priori）的前提條件，則經驗的認識就會是一種幻覺，而知識也就不可能產生[6]。因此，康德自稱這種將認知本源從外在的「物」回轉到內在的「我」的批判哲學是哥白尼式的思維革命[7]。

經驗主義與理性主義都具有一定的合理性，也具有一定的不合理性，人類的認知固然離不開感官經驗，但是感官經驗之外尚有純粹知識建構的條件存在。換言之，知識真理的本源實則離不開人的自身先天的認識能力。至於做為認識對象的「物自身」（Thing-in-itself）究竟是如何，人類有限的認知能力並不能確定掌握，知識是感覺與範疇的結合，僅能掌握經驗現象，並不

---

6 如純粹的空間概念產生幾何學，純粹的時間概念產生力學，康德並列舉了四大類十二項範疇，包括：量的範疇（單一、多數、全體）；質的範疇（實在、否定、限制）；關係的範疇（實體、因果、互動）；模態的範疇（可能與不可能、存有與非有、必然與偶然），後天的感官材料與先天範疇的連結，使一般的知性概念成為可能。參見：Immanuel Kant, *Kant's Critique of Pure Reason* , pp. 206-212.

7 哥白尼將星體與觀測者運行的角度互易，正如同康德將物我之間的主、客體角度互易。參見：Kant, *Kant's Critique of Pure Reason,* p. 110.

能認識事物的本來面目，康德哲學留下了「我」與「物自身」二元分立的問題。

康德在《實踐理性批判》自問自答的提到三個關於「人的問題」：我能夠知道什麼（What can I know）？我應該作什麼（What should I do）及我可以希求什麼（What may I hope）？[8] 其中第一個問題涉及認識論，第二個問題涉及倫理學，第三個問題涉及宗教神學，可以這麼說，康德整個批判哲學目的就是提供解決人的三大困惑的根本方案。其中與本書相關的實踐理性的部分，會在適當的章節穿插介紹。

康德到黑格爾之間德國唯心主義的發展歷程，基本上發展脈絡上還包括了費希特（Fichte, 1762-1814）與謝林（Schelling, 1775-1854）兩位頭角崢嶸的哲學家，黑格爾曾在《哲學史講演錄》中說：在康德、費希特、謝林哲學之外，沒有別的哲學，其他哲學都是剽竊之作，而費希特哲學是康德哲學的完成。[9]

費希特哲學被稱為「主觀唯心論」，因為他認為一切的存在都是「自我」所設定的，而自我設定的同時也產生了「非我」，「自我」與「非我」的矛盾必須解決，並逐步邁向一個終極的「絕對者」，一個完美的「理想」。他在《全部知識學基礎》中指標性說道：自我是一切存在的根本，任何存在不能脫離自我而存在，所以完全沒有康德所設想的物自身這回事。

> 「一切事物之所以存在，只是因為它是在自我之中被設定的，在自我之外沒有任何東西。」[10]
>
> *"...in that everything that exists does so only insofar as it is posited in the self ,and apart from the self there is nothing."*

---

8 Immanuel Kant, *Practical Philosophy*, p. 677.

9 參見：黑格爾，《哲學史講演錄》第四卷 , 賀麟譯，頁 308，意指費希特知識學體系是康德主觀唯心主義的完成。

10 J. G. Fichte, *Foundations of the Entire Science of Knowledge*, p. 100.

黑格爾曾說：最具有意義而且超越費希特的只有謝林哲學[11]，換言之，其他同時期的哲學著作在黑格爾眼中都是狗尾續貂之作，而黑格爾哲學處處都可見到謝林的身影，如同一性、有機體、絕對者、知識體系等等。

謝林哲學被稱為「客觀唯心論」，因為他認為所有的存在都是「絕對者」的創造，祂將「自然」給予物質世界，卻將「自由」給予精神世界，兩者必然是同一的，這種自然界與精神界的結合是一首曼妙的詩歌，能夠體會這種美感的有兩種人，一種是哲學家，運用獨特的「理智直觀」，領悟了造物者的宇宙秘密；一種是藝術家，運用「美感直觀」，體認造物者所編造的自然協奏曲，真正的哲學家正是體悟天意的美學藝術天才。他說：

> 「客觀世界僅是精神的原始的、尚無意識的詩篇，哲學的普遍研究法則以及整個大廈的拱頂石，就是藝術哲學。」[12]
>
> *"The objective world is simply the original,as yet unconscious, poetry of the spirit; the universal or ganon of philosophy-- and the keystone of its entire arch-- is the philosophy of art."*

謝林在《先驗唯心論體系》中將全部哲學視為單一序列的知識體系，整個哲學體系就是自然哲學與精神哲學的結合，真實的世界就是思維的世界，因此不會有康德哲學中所謂「物自身」的問題。但是能體會到這種和諧性的人並將之表現出來的，只有具備思想天賦的藝術家，謝林稱之為「想像力的美感活動」。

普通人面對領悟天道的哲學家的創作，就如同面對達文西的畫作：〈蒙娜麗莎的微笑〉一般，只能從欣賞的角度並目瞪口呆地說：「美啊！」。

謝林認為整個人類歷史是「絕對者」逐漸自我啟示的過程。我們在歷史的業績中看見上帝的身影，看似偶然發生的活動，其實背後隱藏著一隻導引的手。

---

11 黑格爾，《黑格爾哲學史講演錄》第四卷，賀麟譯，頁 340。

12 F. W. J. Schelling, *System of Transcendental Idealism*, p. 12.

謝林將哲學思維的基礎立於天才的「藝術直觀」之上，並非人人所能及之，黑格爾則將之立於一般理性之上，凡正常人均具有進行哲學思維的能力，但必須接受教育及訓練。

小結

德國唯心論者共同點是：這個世界是「思維」所創造的世界，所謂「萬法唯心造」，然而，一心能造萬法，有多少星河之眾的思維主體，就有多少恆河沙數的娑婆世界，如何獲致普遍性的認知呢？。

在康德看來，對於自然界的認知之所以可能，是因為人們具有共通的思維模式，至於事物的真正面目究竟是甚麼？人們無從得知，所以自然世界跟精神世界是分離的。

費希特則認為：既然萬法都是自我所創設而成的，那麼自我所設定的思維世界就是真實世界，根本就沒有「物自身」的說法。

謝林認為精神世界與自然世界誠然是同一的，但是這種造物者所編排的和諧性，只有某些具有藝術美學天賦的哲學家可以領悟。

黑格爾則跳脫離開這種自我與非我的對立關係，他認為思維最終會脫離對立與矛盾，產生一種自由的「精神實體」，所有個別的事物，包括一切生命，都是精神有機體的一部分而已。

所以，這個多元的思維世界一直到黑格爾才真正成為統一的精神世界，化解了「物自身」這個問題，但他卻是運用虛擬式的「造神」方式，使得哲學本身距離現實世界越來越遠，遭致迅速崩解的命運，唯心哲學命定要由精神的王座上跌落回到塵世之中。

可以如此說，德國唯心哲學的主軸從康德開始，經由費希特的加工及謝林的創新融合，最後在黑格爾手中完成。但是黑格爾唯心體系的完成，雖是德國古典哲學峰頂，卻也是唯心主義思想的黃昏。在此之後，黑格爾哲學崩解了，但他的思想養份則分別澆灌了唯物主義、存在主義等現代哲學，並影響了包括歷史、政治、經濟、社會、教育、道德、宗教等各分支學門。

德國唯心論者所醞釀的思想核子彈，最終被馬克思倒置為唯物主義，並裝上階級鬥爭論的引信，其爆炸威力震撼了整個人類的現實世界，至今仍餘波未歇。可見思維的力量是絕對不可輕忽的，有價值的哲學思想永遠在尋求時代的缺口，重獲新生、萌芽茁壯。

第三節　絕對精神體系

隨著科學發展的分工化與專業化，產生知識學科的多元化，黑格爾哲學可能是最後一個值得瞻仰的整全體系，關於黑格爾《法哲學》的定位，也必須放到整個黑格爾哲學體系來理解。

黑格爾哲學涵蓋整個知識領域，有如知識學百科全書，稱之為「絕對精神體系」，內容可謂包羅萬象而執之於一，這個「一」就是「絕對者」，代表「至真」、「至善」與「至美」，或依不同場合稱之為「絕對理念」、「絕對知識」、「絕對精神」都行，這個「絕對者」是無條件、超越時間、空間的「絕對自由」。

基本上來說，黑格爾體系可以依其《哲學科學百科全書》的分類分為三部分：邏輯學、自然哲學與精神哲學。另有學者認為應以《精神現象學》作為整個體系的導言，以《邏輯學》為中堅本體，並以《應用邏輯學》為運用本體的具體成果，可更適切地掌握黑格爾所謂的「科學體系」[13]，參照「**表 1.1**」及「**表 1.2**」。不過兩種分類並無礙於《法哲學》在整個哲學體系之中的邏輯定位。

13 賀麟，《黑格爾哲學講演集》，上海：上海人民，2011，頁 389。

表 1.1：哲學體系（一）		
哲學科學百科全書體系		
理念之純粹形式	邏輯學	
自在之理念	應用邏輯學	自然哲學
自為之理念		精神哲學

表 1.2：哲學體系（二）	
絕對唯心哲學體系	
第一部分（導言）	精神現象學
第二部分（邏輯學）	邏輯學
第三部分（應用邏輯學）	自然哲學、精神哲學

各學科的具體內容簡介如下：

《邏輯學》涉及辯證法中各種概念的推演，由「存在」、「本質」與「概念」三部分組成。對於思維而言，直接的東西是外在的「存在」，而對於「存在」的反思是內在的「本質」，「概念」則是存在與本質的綜合。在「辯證法」的章節中會做更進一步的解說。

《精神現象學》涉及思維的所有思辨過程，這種思辨過程包括：「意識」、「自我意識」、「理性」、「精神」以迄於思辨峰頂的「絕對精神」，正是人類理智的全部發展歷史。

《精神哲學》則分為「主觀精神」、「客觀精神」與「絕對精神」三部分，「主觀精神」是由人類學、精神意識、心理學的角度，對於「人」進行的直接的靜態觀察；「客觀精神」則是對於現實理念，包括法、道德、倫理、國家及世界歷史的分析；「絕對精神」則探討屬於藝術、宗教及哲學等理念的真理。

《自然哲學》，基本上是對於當時自然科學的發展成果予以概念化綜合的成果，大致包括力學、物理學與有機物理學，其內容囿於當時科學水準多有錯謬，這裡可以略而不論。

本書所要探討的《法哲學》，屬於「客觀精神」的環節，包括對於「人與物」、「人與人」以及「人與群體」的相互關係所產生的「法」、「道德」與「倫理」等三大概念的推理，參考**「表 1.3」**及**「表 1.4」**的統整內容。

表 1.3：精神哲學架構	
主觀精神	人類學、精神現象學、心理學
客觀精神	抽象法、道德、倫理
絕對精神	藝術、宗教、哲學

<table>
<tr><th colspan="4">表 1.4：絕對唯心哲學體系</th></tr>
<tr><td colspan="4">絕對精神
哲學－宗教－藝術</td></tr>
<tr><td>邏輯學</td><td>自然哲學</td><td colspan="2">精神哲學</td></tr>
<tr><td rowspan="2">存在論
本質論
概念論</td><td rowspan="2">數學
物理學
有機物理學</td><td>主觀精神</td><td>客觀精神</td></tr>
<tr><td>人類學
精神現象學
心理學</td><td>抽象法
道德
倫理</td></tr>
</table>

CHAPTER

02

《法哲學》辯證架構的建立

第一節　辯證法的基本概念

本書是運用「辯證法」的基本原則，建立《法哲學》的架構圖式，作為後續推理的依據，這個圖式也適用於各項專題的基本分析。所謂的「辯證」（Dialectic），字源來自於 dialog ，字義就是相互言說，從反復辯難中求得問題的正解。

但是「辯證法」和經驗科學的「試誤法」又有所不同，後者重視經驗上產生的例外事件，同時回饋當前的主流理論，藉以提出批判與檢證，並排除或修正現行的理論[1]。

「辯證法」則是「正、反、合」的發展過程，在「合題」之中，不僅揚棄了「正題」與「反題」，更保持了二者的合理部分，並綜合提升到另一更高的概念之中，此即所謂的「辯證三段式」[2]。

從表面看來，「試誤法」與「辯證法」似乎是相近似的方法，主張「正題」與「反題」的鬥爭性，但實際上二者存在根本上的區別。

首先，「試誤法」堅持的是一種科學批判態度，即對於主流學說及通則的不信任或普遍懷疑；然而「辯證法」則堅持現實事物的合理性，只不過因為「自我否定」是它的本性，不可避免地推動自己走向瓦解與新生，不斷的變動、毀滅及生成。

其次，「試誤法」依循形式邏輯的「矛盾律」，即 A 與～ A 不可能同時為真；但是「辯證法」則認為「矛盾律」正是一切事物成熟發展不可或缺的前提要件，A 的存在必然產生～ A ，最後二者融合成兼容並蓄的 C。簡而言之，「試誤法」強調的是「批判」，「辯證法」則是強調「調和」。

1　Karl Popper, *Conjectures and Refutations — The Growth of Scientific Knowledge*, London: Routledge, 2002, pp. 312-313.

2　這一點從黑格爾對於「揚棄」這個重要術語的解說可以略窺一二，有關德文「揚棄」（Aufheben）在此不僅指取消（clear away）或捨棄（annul）的否定意義，又有保持（keep）或保存（preserve）的肯定意義，顯示出該語彙的辯證精神。參見：Hegel, *Hegel's Logic*, §96.

特別是在社會學科領域，「辯證法」的理解者是一個現實歷史的冷眼旁觀者，默默地沉浸在這個真理的長河之中，冷靜審視這個更迭起伏的螺旋式揚升過程。

小結

自然科學的目標是「如是」，而社會學科的目標很大部分是「應當如是」，前者確認事實真理的唯一性，而透過不斷的科學驗證是發現真理的不二法門；但是社會學科就不那麼剛性，社會知識涉及到政經、文化與歷史維度，因此不可能是純粹客觀的，反而必須仰賴於共同參與相互協商，在一種「共有的理解」為研究背景來開展社會知識建構工作。「辯證法」的價值不在於「非黑即白」的排斥性研究，或是「零和遊戲」[3] 的割喉式鬥爭，而是不同觀念之間的相互融合。

第二節 黑格爾的辯證法

一、思維能力

本節內容主要是闡述黑格爾的《邏輯學》，但是由於內容過於抽象，著者僅就其大意解說，讀者只需略加理解即可。

如前所述，黑格爾的「辯證法」具有如和音一般「三位一組」的特性，它接受與包容「差別」與「矛盾」，並將之提升轉化為更高階、更普遍的概念。形式上看來，辯證法除概念上「正」、「反」、「合」的推演，即所謂「自身否定」、「否定的否定」之外，更重要的是的辯證過程所顯現的「階層性」及「整體性」，整個辯證體系是一個螺旋式揚升的「金字塔式」或「哥德式建築」。

3 零和遊戲或稱零和賽局（zero-sum games），是賽局理論的一個概念，遊戲規則兩方對弈，贏者全拿，輸者遭致同等損失，所以雙方正負總合為零。

依據思維能力的區分，首先在「感性」方面，我的意識以「自然」為對象，將感覺材料轉變成為感官上的「表象」(Images)，如各類花草犬貓等；其次在「知性」方面，我的意識以自身為對象，產生反思的「概念」(Notions)，即各類事物之間的關係，如因果系列等，例如水、水蒸氣與冰之間的關係，經過知性觀察，發現溫度是其中關鍵，這種關係的連結是直接的感性無法做到的。

「知性」是真理與幻想的轉折點，如經驗主義者受到感官知性的束縛，迷失在表象之中；理性主義者企圖擺脫知性的約束，卻又落入無止境的抽象想像。只有藉由「辯證法」的自我提升，即自我意識的反思，「理性」才能擺脫「知性」，成為具有能動性的「理念」(Ideas)。

換言之，「思維」可以區分為三個階段：第一、「感性」的被動性：意識單純的接受來自外在的感知，它是「自在」(Being-in-itself)；第二、「知性」的主動性：意識向內在的自我反思，它是「自為」(Being-for-itself)；第三、「理性」的自動性：當「思維」意識到自己是真實存在的時候，它是「自在自為」(Being-in-itself and for-itself)。

依據以上的簡要說明可知，黑格爾《邏輯學》主要闡明「思維」由「感性」至「知性」以迄於「理性」的辯證過程：

（一）**「感性」階段：**直接性的「存在」(Being) 與反思性的「本質」(Essence)。

（二）**知性階段：**「存在」與「本質」的綜合產生「概念」(Notion)。

（三）**「理性」階段：**知性概念提升為實體的存在，成為能動的「理念」，如法律、道德、倫理等。最高點則提升為「絕對理念」(Absolute Idea)，整個金字塔體系的封頂石。

這種思維體系是「有系統的全體」或「思維的統一體」。如同「植物」的概念，不能如生物分類學由個別的外觀差異去定義，而必須從整個種子萌發至根、莖、葉成長的過程去掌握，正如同生命是每一階段的自我生發、開展的運動。

「理性的狡計」正是表達「理性」的包容力，「理性」透過「辯證法」將「感性」與「知性」包容於其中，並實現其自身目的，正有如老子的「道」：無為而無不為也。

二、「生命」與「至善」

「生命」也是肉體與靈魂的調和，生命做為能知能行的實踐主體，透過行為與思維展現生命的生、滅全部過程，透過特定時、空下的個別生命的奮鬥與奉獻，成就了整個「人類」的文明歷史。

掌握知性的「理智」（Intelligence）以「求真」的態度看待世界，真理應該和客觀世界相符合，認為真理的根據在於「客體」；相反的，掌握行動力的「意志」則致力於「求善」，認為真理的根據在於「主體」。

但是「意志」的本性是自由，從來就不能臣服於客觀世界，所以自然與社會秩序的和諧狀態只是一種假象。「至善」原本是對於「善」的無止境追求的動態過程，而此種動態過程的整體即是「至善」本身。

三、絕對理念

「絕對理念」是辯證邏輯的一顆封頂石，它代表所有事物的最後真理。它是知識與實踐的「知」、「行」合一；也是「真」與「善」的統一。「絕對理念」在宗教上稱之為「上帝」，在科學上稱之為「真理」，在倫理上稱之為「至善」，其實都是相同的東西。

正如老子所闡述的「道」：「道生一、一生二、二生三、三生萬物」，反向觀之，從無至有，從有入無，萬物化生皆是道。為何黑格爾思想的宗旨與道家思想如此契合，原來二者都是根源於「辯證法」。

小結

從生命本質來說，人的生命無非是一場辯證的歷程，今日的「自我」經過反思而否定了昨日的「自我」，產生了新的「自我」，而這個現在的「自我」仍舊會被自身否定，成為更新的「自我」，這就是「苟日新、日日新、又日新」的真義。

換言之，在這個過程中所出現的「假我」不斷的辯證著向「真我」邁進，然而「真我」卻不是一個特定時空下的「自我」，而是你所經歷的所有生命的完整過程。

不必為了過去或當下的「假我」懊悔，亦不能執著於當下的「自我」而停下反思的腳步。生命自身是自由而無條件的，不要在物質的欲望中或精神的迷信中尋求人生目標，精進自己並寬容他人，就是最好的人生。

從辯證形式來說，整個辯證哲學體系是「化多為一」的過程，如同金字塔形，最高峰頂是「絕對理念」，但從辯證內容來說，「絕對理念」包含所有自然與精神概念的整體，是「化一為多」的過程。

不同於傳統的形式邏輯，著者認為「辯證法」具有四個獨特性質：

（一）否定觀

「變是唯一的不變」，事物自身存在著否定的力量，此種力量不僅否定對方，甚且否定自身，在個別主體如此，在社會群體中亦是如此。

（二）中介觀

所有的事物並非獨立的存在（絕對性），而是關係存在（相對性），普遍性（全）、特殊性（多）及個別性（一）三個環節必須相互中介與轉換，「多」中有「一」、「全」中有「多」、「一」中有「全」。

（三）超越觀

辯證法表達一種包容觀點：在 A 與～ A 之間，存在一種同一的力量，不僅超越於 A 與～ A ，更將二者的合理性融合統一起來，成為一個新的事物。

（四）整體觀

所謂的「絕對」，正是「合理性」概念所構成的思維全體，展現為由許多小的圓圈構成的大圓圈，每一小圓圈都有它的特殊理念顯現其中，並同時成為構成整個有機體系。

第三節　《法哲學》的辯證架構

黑格爾在《法哲學》中所運用的辯證法，除了「否定性」原則，另輔以二種範疇，即「力」與「量」。

思維在動態方面是一種「動能」，因此它可以展現為「力」，包括正向運動、反向運動，也可以相互抵消、聚合增強。

思維在靜態方面是一種「能量」，所以從數量上來看，可以區分為單一、多數及全部。

一、基本模式

（一）「力」（The Strength）的模式

直接性（正）→反思性（反）→同一性（合）

（二）「量」（The Quantity）的模式

個別性（一）→特殊性（多）→普遍性（全）

如果以 X 軸表示「力」，Y 軸表示「量」，將可建立一個「力」與「量」的 3×3 矩陣圖式：

表 3.1：基本分析模式建構			
A（力） B（量）	A1 正 （直接性）	A2 反 （反思性）	A3 合 （同一性）
B1 一 （個別性）	正×一	反×一	合×一
B2 多 （特殊性）	正×多	反×多	合×多
B3 全 （普遍性）	正×全	反×全	合×全

說明：

以口語化來解釋這個分析圖式：當遇到一個研究主題時，我們可以從「個人」（個別性）觀點來談，也可以從「群體」（特殊性）的觀點來談，亦可以由「整體」（普遍性）觀點來談；接著可以從「正面」（直接性）觀點來談，也可以從「反面」（反思性）觀點來談，亦可以從「綜合」（同一性）的觀點來談。最後可以從「個人」的正面、反面及綜合觀點來談，也可以從「群體」的正面、反面及綜合觀點來談，亦可以由「整體」的正面、反面及綜合觀點來談，如此相互參照比較，就能得出一個辯證式的總結。

二、基本模式在《法哲學》的運用

（一）「力」的基礎模式

「力」的模式	正 （直接性）	反 （反思性）	合 （同一性）
《法哲學》概念	抽象法	道德	倫理

說明：

盧梭在《社會契約論》開頭的一段名言：

「人生而自由，但卻無處不在枷鎖之中，若干人自認為自己是其他人的主人，其實卻比其他人更是奴隸。」

"Man was born free, and everywhere he is in chains. Many a one believes himself the master of others, and yet he is a greater slave than they." [4]

「人」是一種思維自由、欲望無窮的生物，一旦與他人結合成為群體，必將發生現實的衝突，群體用來規範、控制、調和這種衝突的規律稱之為「法」，《法哲學》就是在論述這種規範的內容。

「直接的」或稱為外在的「法」用以約束我們的行為，包括約定俗成的「習俗」或明文規定的「法律」；「反思的」或稱為內在的「法」卻是直接規範我們的心靈，違反者將受到良心的譴責，稱之為「道德」。還有一種「同一的」或稱為綜合的「法」，同時從外在及內在約束我們的行為與心靈，稱之為「倫理」。這些「法網」是人類自己創造的枷鎖，也正是人之所以不自由的主因。

廣義的「法」表示所有規範，不僅指稱「成文法」或「形式法」，還包括「道德」、「倫理」。狹義的「法」是對思維主體的直接強制，對於個人行為的許可或禁止，不需要經過本人的認同及許可，因此稱之為「形式法」或「抽象法」。

我為了不受到制裁，不得不安分守己、恪遵法律。在這個階段，「法」是「主人」，「我」是「奴隸」。若想得到「自由」，就不得不承認「法」的權威並遵從它。這種法律規定所以稱作「抽象」法，正是因為它並未經我的認同而心悅誠服，只是被強力壓迫著接受的東西而已。

---

4 Rousseau, Jean-Jacques, *The social contract; and, The first and second discourses*, p156. 這句話告訴我們：自卑轉換為自大，被壓迫轉換為壓迫，都無法獲得真正的解脫，而精神上未得解脫的人，不是做為物質慾望的奴隸，就是做為他人權勢的奴隸，這種處境無關貧富，也不論貴賤。

如果說「抽象法」是外在於主體的直接規定，屬於一種強制性規定，「道德」則是經過主體自我反思之後產生的規範，這種規範是經過我的認同許可的。簡要的說，「道德」就是我的良知的自我立法。

黑格爾所指的「倫理」，並不是一般「道德」的同義詞，而是表達一種現實的東西：「抽象法」與「道德」的同一，它既具有「抽象法」的直接強制性，又具有內在認同的「道德性」，在現實世界的具體呈現為：家庭、市民社會及國家。

（二）應用模式：《法哲學》辯證關係

<table>
<tr><th colspan="2">辯證模式</th><th>直接性</th><th>反思性</th><th>同一性</th></tr>
<tr><td colspan="2">哲學概念</td><td>抽象法</td><td>道德</td><td>倫理</td></tr>
<tr><td colspan="2">真理歸屬</td><td>物</td><td>自我</td><td>精神</td></tr>
<tr><td rowspan="5">應用範圍</td><td>單一</td><td>所有權</td><td>故意與責任</td><td>家庭</td></tr>
<tr><td>特殊</td><td>契約</td><td>意圖與福利</td><td>市民社會</td></tr>
<tr><td rowspan="3">普遍</td><td rowspan="3">不法</td><td rowspan="3">良心與善行</td><td>國家</td></tr>
<tr><td>國際法</td></tr>
<tr><td>世界歷史</td></tr>
</table>

說明：

1. **抽象法（直接性）**

(1) 所有權

「我」與「物」的關係，即對於占有物的財產關係。

(2) 契約

「我」與「他人」的權利關係，即雙方合意所產生的「契約」。

(3) 不法

「法」是對於「我」的外在規定，「我」既是自由的行為主體，對於

「法」的否定是自然的本性，稱之為「不法」。

2. **道德（反思性）**

(1) 故意與責任

一個對於外界產生影響的行為，如果是出自於我的自主決定，我就必須對此行為所導致的結果負責，即「行為責任」。

(2) 意圖與福利

一個經過反思的行為目的，不僅關懷自身的利益（個別福利），更需考量他人及群體的利益（公共福利）。

(3) 良心與善行

一種發自於良知的行為「準則」，並依據此種「道德準則」行事，稱之為「善行」。

3. **倫理（同一性）**

(1) 家庭

由「愛」與「財富」所構成的「家庭」是最基本的倫理實體。

(2) 市民社會

由「職業榮譽」、「需要體系」與「司法警察體系」所構成的「市民社會」是第二階層的倫理實體。

(3) 國家

由「愛國心」與「憲法」所構成的「民族國家」是最高階層的倫理實體。

至於在國家之間的「國際法」關係，則回歸到「自然狀態」，民族國家之間綜合國力相互競爭的角鬥場，展現出每個世代獨領風騷的「時代精神」，「世界法」就是各個歷史階段「時代精神」的相互遞嬗的歷史，表示「絕對精神」展現自身的辯證史。

小結

黑格爾的《法哲學》和盧梭的兩篇論文《論科學與藝術》及《論人類不平等的起源及基礎》一樣，基本上是對於「自由」概念的探究。依據辯證思維，談及「自由」就離不開與它處處為敵的「法」。

《法哲學》所展示的是「自由」與「法」從彼此敵對到二者同一，即「自由≠法」推演到「自由＝法」的過程。所有的推論必須從「人」出發，這裡的「人」表示具有完整思辨能力的「思維主體」。從「人」的自身「人格」的覺醒，經過反思能力，逐步擺脫外在的限制，進而察覺到自身是「絕對自由」的過程。這個過程涉及人的自身、人與物、人與人、人與群體以及群體與群體之間的關係，涵蓋整個人類生活與歷史。

「法」的本質是「自由」，是從「不法」到「知法」到「守法」的反思過程，它包含了「人類」群體三種最重要的關係：（一）財產關係；（二）道德關係；（三）倫理關係，這些關係圍繞在三個重要的概念：獨立自主的「人格」、無私奉獻的「良知」及對於國家的「虔敬」。

CHAPTER

03

「抽象法」的概念推演

《法哲學》探討的是「人」與「法」的關係，最根本的基礎是「自我」（I），也就是靈魂與肉體合一的生命體。當「自我」意識到自己是獨一無二、排他性的存在，具有任何人都不可任意侵犯的自由權利時，他就成為「人」（Person）[1]。

「人格」（Personality）是與生俱來的權利，「自我」不僅認知到自己是「人」，而且也尊重他人是「人」。相反的，雖然生之為人，既不把自己當人，也不把他人當人，就是喪失人格的傀儡物。

「物」與「人」的差別就在於「自覺」，所謂的「物」，就是欠缺思維能力，欠缺自身「目的」，僅供作為他人的「手段」而存在。所以說，「物」的範圍不只是沒有生命的物體，凡是欠缺思維能力，或拒絕理性思考、沒有自主意識的人，也是空有軀殼卻欠缺靈魂的「物」而已。

「人」具有知、行合一的行動力，所謂的心想然後事成，就是將內在思維的東西加以實現的能力，也可以稱之為實踐力。

「抽象法」所探討的範圍，正是「自由意志」逐步對外實現自己的過程，也就是在與「我」相對立的「他在」（Otherness）之中找到自己：首先是征服外在的無生命的「物」；其次是在彼此對等的人格基礎上，與「他人」獲致共識；最後是否定無時無刻束縛自己的「法」。

但是當你在「他在」之中實現自身的時候，也同樣將自身送入無邊際的物欲囚籠，因為在「相對性」之中，並不存在真理，你越是在外在找尋自由，在他人的目光中尋求慰藉，越是感到怨嘆與絕望，這就是「抽象法」階段的無奈：對自由越是渴望與爭取，卻越覺得不自由。

一、「人」與「物」的關係

對於物的占有及「所有權」。

---

1 「人」有許多不同定義：有生理學上的人（Man）、法律學上的人（Person）、生物學上的人（Human beings）等等，這裡的「人」與「人格」是從法權的角度論說的。

二、「人」與「人」的關係

對等雙方的「共同意志」的形成，即「合意」與「契約」。

三、「人」與「法」的關係

「自由意志」對於外在「法」的否定，即「不法」與「犯罪」。

第一節 「占有」與「所有權」

一、「人」對「物」的權利

對於一個具有自由意志的「人」，最直接的自我實現是：將其「意志」灌注在「物」之上，並將它標示為「我的」。「物」就是本身欠缺思維的存在，因為「物」欠缺自我意志，甚至對於自身的生命也沒有權利，必須無條件遵從於占有者。

例如希臘羅馬時期的奴隸，甚至是羅馬法之下的子女地位，都是相對於「主人」的「奴隸」。作為學問之王的「哲學」及哲學家們，也可能淪為「宗教神學」或「專制王權」的婢女。所以「奴隸」的存在不論今古，在於一個人是否尊重自身「人格」，而不出賣及踐踏「人」的尊嚴。許多依據性格、人種、膚色、智力等因素為「奴隸制」所做的巧辯，都不符合人性的基本信念：「人」生而自由（Man as free by nature）。

二、「占有」的法理

「我」將某「物」置於實力支配之下即構成「占有」，不論是出於需要、衝動或任性等因素，「占有」就是「我的意志貫注在物之中」，或者說「此物實現了我的自由意志」。

「占有」除了「意志」與「實力」之外，仍須獲得其他人的「承認」，否則仍將陷入你爭我奪的野蠻狀態。受到公開承認的「占有」，形成「所有權」以及「財產」的概念。

主張「合理占有」的「私有財產制」與主張「平均分配」的「共同所有制」是兩種不同的概念。前者的公平法理，是基於人作為自由意志，必須保證每個人都具有財產占有的權利；後者則實際要求一切財物平均分配。「財產共有」的訴求，忽視主觀上個人的才能、努力、需求、機遇以及客觀條件及環境等因素，所以「私有制」似乎比「共有制」更具有合理性。

但是社會發展衍生出的極度不平等，導致「朱門酒肉臭、路有凍死骨」的現象，卻是必須加以正視及矯正的。「共產制」固然是一種片面的要求，但是放任「私有制」的發展，以致侵害了所有人占有財產的基本權利及擁有財產的可能性，也同樣是片面的。

三、先占取得

「先占取得」表示對於「物」的首次「占有」，當一個人最先「占有」該物時，此物即屬於他所有。「物」屬於第一個將自由意志體現於「該物」的人，後繼者則無法再以直接「占有」方式取得同一物。當然「先占取得」的前提是該「物」必須是「無主物」。

四、不能占有的東西及「自殺權」

「物」之所以可以「占有」，必須具有具體的「質」與「量」，所以，普遍的「類」（kind）與自然界「要素」（elements）都不是可供占有的對象，例如無法主張我占有地球的空氣或陽光一樣。

「人」是身體與心靈結合的生命體，「**我＝生命＝人格**」，三者是一體的，不容分割及占有。因此，人沒有奴役他人或棲身為奴的權利。把「人」

當成「物」，或者把自己當成「物」都是「不法」[2]。

「我」誠然是生命有機體，並且具有「自由意志」，但是人並不能占有生命，也無權出讓或分割我的精神與肉體，所以，人沒有自殺的權利。

生命就是「我」，而「我」就是「人格」，「人」沒有凌駕於其自身的權利。生命既非自身所占有，一個人並無權利拋棄生命。只有比生命更高的「倫理」理念，才可以要求個人無條件奉獻，例如為了國家而犧牲。

至於「安樂死」的議題是不是等同於「自殺」，正如同「死刑」執行是否侵犯基本人權一般，必須從「道德」與「倫理」觀點進行全面檢視與衡量。

五、「所有權」的論證

（一）肯定性：直接占有

「意志」直接體現於「物」之中，「物」被直接「占有」，包括以身體直接掌握、或給予特定「標誌」，例如對牛羊牲畜烙印[3]，據以表明「此物」是「我的」，並排斥他人的再次「占有」，從而對該物具有「支配權」。

（二）否定性：使用

「我」藉由對於「物」的改變和消耗，獲得需求的滿足。換言之，「我」之所以使用「該物」，正是因為「物」本來就是作為被否定的東西，專為我的需要而服務。

「使用」是「占有」所衍生的必然權利，但對「物」的「使用權」並不等同於「所有權」，換言之，我消極地不使用所有物，並不表示我已喪失該物的「所有權」，除非我的「意志」由「物」中抽離或喪失，否則他人的「意志」無從占有同一物。

---

2 這裡的「不法」並沒有道德意涵，而是指不符合法理，或違反法理。

3 古人用刺青來標示罪犯或奴隸，今人用刺青彰顯自己對於身體的自主權，前者是權力誤用，後者則是權利誤用。

（三）同一性：轉讓

「轉讓」就是將原屬於我的「物」拋棄並讓予他人「占有」，其法理在於：我的「意志」既是自由的，我便有權放棄該物的「所有權」，我既不直接「占有」它，也不「使用」它，而是將它轉移給他人。所以「轉讓」是辯證環節的同一：我既肯定「物」是我的；同時我又否定「物」是我的。

六、「時效」：推定的「所有權」喪失

「占有」必須表達於外，藉由使用或標誌等方式，來表達占有意志。「時效」是一種「法的推定」，如果欠缺一定的時間的持續性「占有意志」，「有主物」將被強制成為「無主物」。換言之，「時效」推定是因為「意志的怠惰」所造成的「所有權」喪失。

例如：屬於「著作權」中的「作者家屬私有權」（The private right of an author's family），具有一定的年限限制，因原著作者在一定期間的「意志中斷」後，「私人所有」將轉變成「一般所有」。

七、「所有權」向「契約」的過渡

凡具有「人格」的主體都將擁有「財產」，這種「財產」取得的合法方式，就抽象法而言，不外乎「占有」取得或「轉讓」取得。

「契約」是財產權轉讓的雙方合意程序，在「契約」之中，「共同意志」是一種中介，一方同意「放棄」某物的「所有權」，而另一方則同意「取得」該物的「所有權」。所以「契約」存立的三要素是：「當事人」、「共同意志」及契約「客體」。

小結

「人」對於「物」是否擁有絕對的權力？在哲學上對於「物」的兩種不同態度，部分哲學家認為「物」本身是獨立存在的東西，因此「萬物皆平

等」；另有部分哲學家者則認為「物」欠缺自由思維，所以任由「人」擺布是必然的道理，或許這是一種「人類沙文主義」的類型[4]。

「自由意志」衍生的是彼此「寬容」而非強力「侵害」，是利益「調和」而非單方「隱忍」，否則「法秩序」不可能穩定形成。強者對於弱者是如此，「人」對於「物」或許亦是如此。

歷史上固不乏以「人」為「物」的實例，如「奴隸制」、「農奴制」，將理智與行為的選擇權力完全授予他人；另外如宗教迷信，屈從於他人所規定的宗教誡命、道德規範等情形。從自由意志的原理來說，不管是作為肉體的奴隸或心靈的奴隸都是同樣「不法」。

至於「主奴關係」以及「雇傭關係」是兩個不同的概念，「奴隸」與「雇傭」的差別在於：我的整體人格是不可讓與的；但我的部分外在的東西，包括勞動力或精神的特殊技能是可以轉讓的。「奴隸意志」不可能對抗「主人意志」，但「雇傭意志」卻可以抵抗「雇主意志」，二者均得出於自由意志，決定訂定或取消彼此之間的對價條件。

第二節 「共同意志」與「契約」

一、「契約」概念

在「所有權」轉換過程中，雙方產生「合意」，彼此的「共同意志」是契約成立的要素之一；另外，立約雙方必須具有「自由意志」；以及作為契約客體的「標的物」。

二、「契約」分類

依據「契約」的構成要素區分：

4 與此相對的道德胸懷，如張載〈西銘〉：「民吾同胞，物吾與也」；曹操《對酒》詩：「人耄耋，皆得以壽終，恩德廣及草木昆虫。」由此可見，在東方文化中，理想口號與現實環境差距更加遙遠。

（一）形式契約

贈與契約：「合意」之雙方，一方放棄、另一方取得「所有權」，例如：保管、借用、捐贈等法律行為。

（二）實在契約

交換契約：「合意」之雙方皆放棄及取得，兩個「所有權」，例如：互易、買賣、借貸、租賃等法律行為。

三、「契約」的無效與可撤銷條件

契約雙方「合意」之所以成立，隱含轉讓標的物之間的「價值」對等。如果不具有此種「價值對等性」，即對於顯然不利（Excessive damage）的「契約」，當事人可主張撤銷。

同理，對於不可轉讓的標的（如人格）所訂立的「契約」自始無效，因為它的不法性不僅顯然，而且嚴重。因此，在抽象法的推理階段，器官的買賣或捐贈契約顯然是無效的。另外如大體捐贈契約，當事人在存活時顯然無權處分自身的肉體，但是死後心靈與肉體抽離，「遺體」是否成為單純的「物」？或者繼承者是否具有處分權？涉及的不僅是抽象法的層次，還涉及道德、倫理層次。

四、從「契約」過渡到「不法」

「意志」的本質是「自由」，追求無拘束且不受壓迫，必然與現存且外在的「形式法」相互衝突，因為這個外在的「法」無時無刻限制著行動自由。

當「我」堅持對於「法」進行否定，使「自由意志」凌駕於「形式法」之上，從現實來看，就是「不法」。反過來說，「不法」情形的發生，正好說明了「人」具有的自由本性，即「自我決定」的行為意志。

「不法」概念的背後，其實正是「自然狀態」與「文明狀態」的矛盾，「文明世界」其實是肉體與精神的雙重束縛的牢籠，自以為仍身處於「自然狀態」的野蠻人，必然對於這個人造囚籠的不服從與衝撞，藉以彰顯他的自由人格。

正如同盧梭在《論人類不平等起源及基礎》深刻的描述：

「一匹未經馴服的野馬，一旦發現遠處風吹草動，便豎起鬃毛、暴跳揚塵，然而一匹馴化的馬，則耐心地忍受鞭韃與馬刺；正如同野蠻人從不向枷鎖低頭，而文明人則毫無怨懟地背負著它們。野蠻人寧願身處狂風暴雨中的自由，也不願苟活於平和安逸中的奴役。」

"As an unbroken horse erects his mane, paws the ground, and rages at the bare sight of the bit, while a trained horse patiently suffers both whip and spur, just so the barbarian will never reach his neck to the yoke that civilized man carries without murmuring, but prefers the most stormy liberty to a peaceful slavery." [5]

第三節 「自由意志」與「不法」

一、「不法」的概念

相對於「自由意志」，「形式法」僅是外在的「法」，作為許可或是禁令，是對於「自由意志」的強制規定。然而，具有主觀衝動的「自由意志」，必須將這種外在的「法」當成是阻礙而加以反對及否定，稱之為「不法」，這個名詞僅是就法論法，並沒有任何道德批判意味。

然而「形式法」是在特定時空中具體有效的規定，「不法」雖然否定了「形式法」，但是「刑罰」將反過來否定「不法」，這種「否定的否定」，維持了「法」的效力與尊嚴。

5 Rousseau, Jean-Jacques(2002), *The social contract and The first and second discourses,* p. 128.

二、「不法」的類型

基本上對於「不法」的種類，係以主觀的違法意志（犯意）之有無加以區分，構成各種不法類型：

（一）無犯意的不法（Non-malicious wrong）

行為者對於本身的不法行為欠缺自覺意識，認為其行為是適法的，實際上卻違反法規。這種自覺認知的錯誤並不足以免責，只是欠缺「惡性」而已，仍應為其行為之結果負責。

（二）詐欺（Fraud）

行為者對於本身的不法行為具有自覺意識，但卻偽裝為適法。行為者知悉「法」的規定，但卻把「法」當成是一種利用工具，使另一方被詐欺者陷於錯誤，還以之為適法。

因「詐欺」行為所訂定之契約「無效」，因為「標的物」欠缺普遍「價值」，導致「契約」要件自始存在瑕疵，縱使雙方已獲致一種形式上的合意，詐欺契約仍歸於無效。

（三）犯罪（Crime）

「犯罪」是行為人主觀上對於「法」的藐視與否定；另一方面，犯罪者的行為侵犯他人的「權利」。換言之，在「犯罪」行為中，被侵害者的「權利」及「法」的客觀效力都未獲尊重。

「法」的價值在於維持法秩序，對於「不法」行為的「強制」是必然的，「刑罰」是作為揚棄第一種強制的第二種強制，或者說，是對於第一種不法暴力所作的第二種合法暴力。

一個值得商榷的觀念稱之為「英雄權利」（a Right of Heroes），黑格爾認為在非文明狀態 之中，未開化的意志是一種對抗「時代理性」的「自然暴力」，因此對於未開化意志的馴服是具有「合理性」的，這種以精神文明對抗野蠻的自然狀態的暴力是正當的。

與此相反的見解，譬如對照盧梭於《論科學與藝術》所言：

「我們的靈魂正隨著科學與藝術的日臻完美而越加頹廢；……舉世皆同的現象是：隨著科學與藝術在地平線上露出曙光，我們看到德行也就隨之消逝了。」[6]

"our souls have been corrupted to the extent that our sciences and our arts have advanced toward perfection. We have seen virtue gradually flee as their（the sciences and the arts）light dawned above the horizon, and the same phenomenon has been observed in all times and inall places."

三、刑罰的概念

「不法」是對「法」的否定；「刑罰」則是否定「不法」，回復到法的秩序，顯現出「法」的正當性與不可侵犯性。在民事上則是「損害賠償」，即對「財產」及「所有權」的不法侵害，應給與民事上的滿足，予以「回復原狀」或給與「等價賠償」。至於刑事上，則應依據侵害行為的「質」與「量」予以輕重不同的處罰。

（一）舊的刑罰理論

1. 道德正義說

法的功用在於促使個人及群體棄惡揚善，這種說法混淆「道德」與「法」的界限。

2. 法威嚇說

預知犯罪將受罰，科以刑罰乃是對欲犯罪者的警示。此說有如對狗舉杖或者掛人頭於高牆，讓人心生畏懼，對「人格」尊嚴並未給與應有的重視。

3. 法報復說（Retribution）

6 Rousseau, Jean-Jacques(2002), *The social contract and The first and second discourses*, p. 51.

「報復」是對「侵害」的「侵害」(Injury of the injury),因此「法」必須衡量「侵害」與「處罰」的對等性。但是「報復」是一種主觀性的「冤冤相報」的概念,並沒有彰顯「法」的客觀性。

(二)新的刑罰理論

1. 自由意志說

「法」本身已包含犯罪者自身的「法」,所以處罰他正是尊敬他的「理性」,即尊重他的「自由人格」,並促使其經由刑罰的教育而回復其「人格」:認識到自己是「人」,並尊重他人是「人」。

2. 刑罰功能說

「復仇」(Revenge)雖然言之成理,但同樣是一種主觀的新的侵害,將陷於冤冤相報的無窮循環,因此「刑罰」的功能在於防止永無止境的復仇循環。

在未開化民族之間,「復仇」之火永不止息,因為欠缺公正的「法」的中介與裁定。只有「刑罰」的正義,才能從無限惡性循環的「報復」中解脫出來。

四、從「法」向「道德」的過渡

「抽象法」仍是感性階段的「法」,只是從情緒、強制、處罰與規避刑罰等方面來看待「法」的內容。在這個階段,「自由意志」對「法」的否定是「犯罪」,而「法」對「犯罪」的否定是「刑罰」。「我」與「法」之間的對立,以「法」彰顯它的強制力告終,但是這種外在「強制」對「自由意志」來說,終究是不能心悅誠服的。

另一方面,「自由意志」在與「法」相互碰撞後,發現「外在」的「法」只是壓迫自己的合法暴力,並不是自由的本質,於是轉由「內在」去尋求自由的真理,此種由外而內的心靈轉向,正是「道德」的起始點。

由「抽象法」向「道德」領域的過渡,因為在「抽象法」的領域所能達到的里程碑，亦僅僅表示具有強制力的「法」而已，「意志」在這個階段的「法」中並不能感到「自由」，而「法」的權威不是來自我的心悅誠服，而是它的刑罰。

相反的，在「道德」的領域由「自我反思」出發，懷疑外在的一切，甚至否定一切，僅僅肯定其自身。「我」意識到：一切真實存在的事物，都必須經過「我」的「確認」及「規定」，稱之為：「道德意志」。

小結

在「人」與「物」的關係中，黑格爾主張「人對物」的絕對權利，因為「物」不具有思維與意志，所以「物」的存在價值就是「工具」，作為滿足「人」的欲求的手段。因此，人對於物具有無限的權威，可以占有、使用、變形、甚至毀棄消滅。

在「英雄權利」的主張中，對於仍處於自然狀態之下的未開化民族，黑格爾認為文明力量對他們的完全強制，並不是一種暴力，而是強迫馴化的自然權利。這是《法哲學》思想中較值得商榷的部分。

對於「主人」與「奴隸」的辯證，黑格爾在《精神現象學》中有更深刻的解說。在「主奴意識」的對立過程，「主人」的權力僅止於「奴隸」的絕對服從，但是「奴隸」卻在「勞動」之中，即對「物」雕琢陶冶之時，覺察到自身的獨立意識。但是，如果「奴隸」驟然脫離「主人」的規範，便會恣意放縱，淪為破壞的力量。

每個「人」的內心也同時住著一個「主人」和一個「奴隸」，只有控制住「奴隸」的自暴自棄與反向的破壞力，將這股力量導向於心性與行為的「陶冶」，為人的軀殼注入尊嚴與理性，「人」才能真正自由。換言之，「自由」奠基於「自尊自律」而非「恣意放任」。

從《精神現象學》的「主奴意識」回到《法哲學》的「自由意志」之上，「人格」體現在「人」的相互尊重，這種自我限制、自我規定，正是「主奴意識」相互調合的精神所在。

CHAPTER

04

「道德」概念的推演

「意志」由外在的「抽象法」轉向尋求內在的「道德」，所涉及的範圍同樣包括：「人」自身、「人」與「人」、「人」與「法」的關係。

一、「人」自身

「我」是行為自由的「主體」，既然行為都是出自於我的自由抉擇，因此必須對於行為所產生的結果負責，此即「故意」與「責任」。

二、「人」與「人」

「我」在行為之前不僅評估自身的利益，並考量到他人的利益，從而求取自身與他人利益之間的調和，不僅造福自身，亦造福他人，此即「意圖」與「福利」。

三、「人」與「法」

對於什麼是「利己」、「利他」、「利眾」的「善行」與「德行」，我有自己的「道德準則」，這種對於行為善惡評斷標準的自我確信，就是「良心」。但是現實世界也存在普遍價值的「倫理法則」，此即主觀的「準則」與客觀的「法則」的衝突與調和，要留待更高的「倫理」階段才能解決。

第一節 「故意」與「責任」

一、行為的「可歸責性」

「行動」（The deed）是可以改變外在自然世界的動作，「行為」（The action）則是出自於「我」的「意志」所引導的行動。換言之，「行為」是「行動」的一種形式，但是，單純而不具有主觀認知的「行動」則不是「行為」。

「行為」具有兩個特性，即「主觀意志」及「改變自然」，二者之間具有因果聯結。既然自然界因為我的「行為」產生變動的「結果」，則這種「結果」對我來說是有「責任」的；反之，不具有「主觀意志」的單純「行動」，則不具「可歸責性」，如夢遊中的活動。

「可歸責性」可以簡單表示為：凡出自於我的「故意行為」都可「歸責」於我。但是，「行為」與其「結果」之間的「因果關係」判斷卻不容易，或許多個「行為」產生一個「結果」；或許一個「行為」產生多個「結果」，此種無法預料的多樣性狀態，將導致「歸責」的困難。

「行為」與「結果」之間存在「必然性」或「偶然性」，這裡隱含兩種情形：一定「行為」導致不同樣式、程度的「結果」；以及原有的「結果」又導致一連串的「結果」，此種「結果」與「行為」之間並非「直接因果關係」，但其中又具有「因果關係」，法學理論稱之為「間接故意」。

我的「行為」對於「間接故意」所衍生的「結果」之間是否具有「責任」，必須從衍生「後果」與直接「結果」之間是否具「必然性」或僅具「偶然性」而定，如果其「因果關係」具有相當的「可能性」，則行為人必須負責。

二、歸責與歸罪

「行為」的「可歸責性」並不等同於「歸罪」。前者是因果事實的「道德判斷」，後者是「法律判斷」。換言之，「歸責」是屬於「道德」領域，凡出自於「我」的行為必當擔負其「責任」；而「歸罪」是屬於「形式法」的領域，只有「不法」行為始能「歸罪」。

另外，除了「我」的行為之外，如果「某物」是處於「我」的控制及注意之下，則「該物」所導致的「損害結果」也應由「我」負責，例如畜狗傷人。

所以，「歸責」的前提為「主觀意志」：「我」必須知悉我的「行為」及其對相關聯的外部世界可能產生的影響；而「行為」的「歸罪」前提是「可歸責性」。換言之，凡是可「歸罪」者必可「歸責」，但可「歸責」者未必可「歸罪」，例如為避免人身或財產發生急迫危險所採取合理的「緊急避難」行為不罰。

一個健全的行為主體，必須對於自身行為及可能結果具備「認識能力」，此種能力稱之為「行為能力」，如無「行為能力」，足以阻礙其行為的「可歸責性」。如果欠缺完備的「認識能力」，則對於行為「結果」即無法「歸責」，例如對於未成年人及智能不足者的行為免責。

三、行為「目的」

從「故意」過渡到「意圖」，從「我」對「行為」的「認識」轉化為「我」的行為「目的」。「故意」是「我」知悉「我」所做的事；而「意圖」則是「我」有「目的」的去做某事。例如年節放煙火導致鄰屋火災，我的「故意」僅止於煙火施放，至於發生火災則非我的目的；相反的，因與鄰人結怨而縱火燒屋，雖然火災結果相同，但其「意圖」是為了縱火報復並付諸實行，並以鄰人房屋燒毀為目的，因此必須完全究責。

所謂「目的」就是「我」所希望達成的東西，將「行動意志」與「行為結果」聯結起來：「我」因為某種「目的」而去「行為」。

第二節 「意圖」與「福利」

一、道德意識

行為「動機」（Motive）與行為「意圖」有所區別。所謂「意圖」是一種希求，即「我希求什麼？」；而「動機」並非希求，而是希求的理由，即「我為何希求？」。

舉例言之，我給遊民張三 1,000 元，讓張三可以吃頓飽飯，這是我的「目的」，但是我之所以如此做的「動機」是為了：（一）明年要選舉了，博取好名聲；（二）以前張三風光時也曾接濟過我；（三）就是同情，側隱之心、悲憫弱勢；（四）讓張三吃飽飯後有力氣幫我推車。

可以想見，單從「行為結果」或「行為目的」中找不出「道德」，必須從行為「動機」中，才能發現純粹的「道德意識」。

二、福利

行為「目的」不外乎尋求自身或他人的實質利益及需要，即物質上或精神上的滿足，此種滿足稱之為「福利」或「幸福」(Welfare or Happiness)。

三、「福利」的追求

「人」是一種生物，作為自由思維及行動的「主體」，有權追求生活的安適與生命的價值，即追求外在的「物質」自由與內在的「精神」自由。此兩種層面的滿足，對於「生命」都同樣必要，而非彼此不相容，二者也不以彼此為手段。

人們易於狹隘地看待偉人或道德家的行為，認為他們不外乎是為了利益、名譽、權力等物質目的，而忽略其背後的精神內涵。

這種庸俗的看法正是「傭僕心理」(Valet Psychologists)：「奴僕眼中無英雄」。因為從奴僕、管家的角度去審視英雄行徑，不過是日復一日吃喝拉撒的紀錄而已，他們看不到英雄的頭腦以及背後的時代精神。

四、「抽象法」對「福利」的否定

「福利」表示主觀目的獲得滿足，就「福利」的形式加以考察，「福利」可能與現實的「形式法」相符合，也可能相違背，但是對於「福利」的追求，都不能作為「不法」的理由而免責。

僅憑著好的「動機」或者為他人帶來「福利」，藉此獲得內在的滿足，並無法抵抗具有強制力的形式法。所以一種自許的「善行」，例如：「偷」牛皮替窮人製鞋，或者如廖添丁、羅賓漢的「劫」富濟貧，誠然是為了他人的「福利」，但卻是「不法」，更何況「偷」與「劫」都不可能是「德行」。

五、「福利」對「抽象法」的否定

最原始的「意圖」是保全「生命」，這種「自然權利」是「人格」所賦予的，「生命」如果被剝奪，則「自由」皆淪為空談，「人格」亦將失去依附，所有「法」的根本基礎將一併喪失。

當「生命」遭受突然的極度侵害，或陷於受侵害的危險時，則受侵害者甚至有權主張犧牲他人的合法權利，以保全其「生命」，同時對抗「形式法」的強制力，此即「緊急避難權」（a Right of Distress）。

六、對於「福利」及「抽象法」的否定

在此可以稍加歸納，在「抽象法」的領域，我的「人格」在「財產權」中實現，但「自由意志」卻受到外在的「法」的限制；在「福利」領域，我獲得了物質與精神的滿足，但這種內在滿足的追求，卻不能與外在的「法」相對抗。

但是在「緊急避難權」的討論中，基於對「生命權」的保障，這種最根本的「自然權利」可以對抗「抽象法」。由此可見，「抽象法」雖具有外在的客觀性，但是缺少內在的主觀性；而「福利」卻僅具有內在的主觀性，但卻缺少外在的客觀性。在「道德」的領域，「福利」與「抽象法」的結合，成為具有普遍性的「良心」以及「善」。

第三節　「良心」與「善」

一、「善」的理念

「善」是一種綜合的理念：在我自身之中的「福利」與「法」的統一，也就是我的「自身立法」；「善」否定了「法」與「福利」的片面性，並轉化為完善性；因此「善」是個人生命及人類世界的終極目的。換言之，整個人類精神文明是追求精神自由的進程，即「臻於至善」。

二、良心

「主觀意志」不僅追求自己的「福利」，應以更高的「善」為目的，並實現「善」的理念。

「我」應以「善」為目的，而且「善」的內容全然由我的「主觀意志」予以規定的，這種「自我規定」或「自我確信」就是「良心」，「善行」就是經過「良心」反思過後的行為，根本的出發點就是：設身處地、換位思考，如果你是對方，你願意這種行為發生在你的身上嗎？

例如：拾獲隨風飄來的千元大鈔，多數人都認為是天降橫財，好運當頭。但是經過反思，這是無主物嗎？我的偶然占有法理依據何在？如果遺失者是我，會同意拾獲者占為己有嗎？因此我應該歸還給原主人，這種反思證明「拾金不昧」是一種德行。如果連這種偶遇的機運都不是善行，更何況想方設法侵占他人的財物，更不可能是德行。

三、「善」與「惡」

如果以「主觀意志」作為出發點，「主體」藉由「行為」顯現其對於外部世界的力量，並為其導致的後果負責。此種「可歸責性」可區分為外在與內在兩部分：第一、該「行為」是否符合法令規定，即合法或不合法（legal or illegal）？第二、該「行為」是否符合道德良知，即善或惡（good or evil）？

「法」通常是外部所規定的，但是「良心」卻是自身立法，「自我意志」為自身「行為」尋找內在的依據、理由，並給與信心，甚至成為一種道德信念。

極端的「自我確信」常淪為「自以為是」，偏執於自我認知的「善」，而蔑視現實的規範及權威，這種將自我的「私見」無限延伸為真理，就是「惡」。堅持把自己的主觀私見強加於他人的身上就是一種極大的惡，禮俗規範如此，宗教誡命亦是如此。

例如：迷信的父母強將子女帶至神壇「驅邪」，導致子女身心俱創；或訂製小型焚化爐，將子女麻醉後全家同赴極樂等案例，都是違背人性法理的極大的「惡」。

所以「善」與「惡」都根源於主觀意志的「自我確信」，「善」原本應該以他人及群體的「福利」為考量，但是當「良心」受制於私人情感、衝動，有時為了自身「福利」而損害他人「福利」，即自私自利；有時不僅拋棄自身「福利」，更拋棄他人的「福利」，即損人不利己，皆是背離良心的「惡行」。

四、「善」與「義務」

有一種純粹而無所求的「善」，本身只是付出，並沒有任何「意圖」與「目的」，「我」不為任何「意圖」及「目的」而為「善」，甚至於犧牲自身的「福利」而在所不辭，稱之為「義務」。

這種超脫於「意圖」與「福利」的「善」，我僅因「善」而為「善」，此種純粹的「義務」觀點，是「良心」的極致，證明了在道德實踐中，我是自由的行為「主體」，不是達成某種「目的」的「手段」，「人格」的價值就體現在此種「目的」與「手段」的「同一」之中。

然而，此種純粹的「義務」論或許陳義過高，淪為虛偽的形式主義。根本上來說，「善」的觀念並沒有排斥「意圖」與「目的」，「良心」對於對「善」的追求並不要求神聖化。俗世的「善」不是必須犧牲自己成就他人，而是既利他又利己。

對「義務」所作最簡單的規定是：律己以善，並關懷自己的「福利」、他人的「福利」及普遍的「福利」。此種待人如己、推己及人的赤子之心就是「良心」。換言之，真正的「善」不僅照應自身的「個別福利」，也照應他人的「特殊福利」及群體的「普遍福利」，當三者有所衝突時，以犧牲「個別福利」為優先。

五、「善」與「偽善」(Hypocrisy)

「我」如果對於「行為」設定某種「目的」，原本是為了我個人的特殊利益而行動，但是卻對外主張是為了普遍「福利」，宣稱行為是出於「公益」而非「私利」，這個情形就是「偽善」，即明明只為自己「福利」設想，卻表現為只為了他人「福利」。

將「道德」領域的「偽善」與「抽象法」領域的「詐欺」的環節相互比較可知，二者同樣是「能知」卻「故意」，「偽善」具有「虛偽、欺騙的主觀「意圖」，但外觀上矯飾為正當、善良。

舉例來說，製造地溝油的企業主，捐獻鉅額的公益金做慈善事業，出自於掩飾自己的良心不安，這種表象上的善行，本質上就是「偽善」。另外，如果一個正派的企業主，捐獻鉅額的公益金做慈善事業，如果他的動機是博取名聲，以便拓展商機，這種捐贈也不能稱為「德行」(virtue)，但卻是好的(good)行為。

一種唯心論思考：「行為」的好壞是否僅決定於「意圖」的善與惡？換句話說，是否有壞的「意圖」，其「行為」就是壞的？正如是否有好的「意圖」，「行為」就是善的？

黑格爾對此引述巴斯卡(Pascal)[1]的話說：「地獄不收留坦率的、頑強的、徹底的罪人，因為他們委身魔鬼而欺騙了魔鬼。」這些俗世眼中的惡人之所以不受良心譴責，因為他們自始至終都不知「惡」之為「惡」，並確信此「惡」即是「善」，審視他們的「意圖」是清白的。相反的，「那些多多少少愛好美德的半罪人將墜入地獄」，因為他們明知何者為「善」，卻從不曾斷絕所謂的「小奸小惡」。

「道德」領域的「善惡論」僅出自「主觀意志」，正因為只是「自我確信」，所以「善」與「惡」往往僅是一念之隔。依據辯證法理，「善」與「惡」的區分還需要進展到更高的一個層級，藉由「倫理」的具體規定才能加以判斷。

---

1 巴斯卡(Blaise Pascal, 1623-1662)，法國哲學家、數學家、科學家、發明家以及神學家，留有影響深遠的哲學遺著《沉思錄》(*the Pensées*)。

六、道德修辭

「動機論」者主張「目的使手段正當」(The end justifies the means):如果為了達成某種「善」,即使把「惡」當成利用手段也無所謂。這種觀點推展到極致,一旦某種「私見」成為判斷「是與非」及「善與惡」的標準及權威,則「指鹿為馬」或「指白為黑」將成為現實,藉由「主觀性」操弄「客觀性」,「善」就成為「自我言說」及「同語反復」的修辭話術。

例如,某生物學家為了促成人類永續發展、汰弱留強的優生目的,便決定代替自然之神,自行研發及散播特定病毒,以便淘汰大量體弱者,這個生化狂魔眼見屍橫遍野,內心卻充滿善的滿足。

七、從「道德」向「倫理」的過渡

在「道德」領域,「良心」是主觀上的「自我規定」的能力,「善」則是欠缺具體內容的「義務」概念,「善」與「惡」也欠缺具體的判斷標準。

「道德」就是「我」對於「行為」的自我反思,這種「準則」只是片面的或一廂情願的,只有在相互辯證過程之中,「道德準則」融合到更高階的「倫理」之上,蛻變成為「倫理法則」,才能具有普遍的權威及效力。

簡單的說,「倫理」具備了兩種特性,即「道德」的內在反思與「法」的外在強制,所以在「倫理」之中,「我」是自由的,因為對於「倫理實體」的權威,是出自於自身內心的「心悅誠服」。

小結

(一)「意志」的雙重性

「意志」在「抽象法」之中所能達到的只是「人格」及所衍生的外在「權利」,包括財產占有、契約訂立、所有權轉讓及犯罪保護等等,這些「權利」都是「法」的直接性分析,「我」在「抽象法」中並不能覺察到這是自身的「法」,只能感受到一個外在的、具強制力的規定,「我」之所以服從這種法，只因為它具有合法的暴力，在「抽象法」中「我」不是自由的。

有別於「抽象法」，在「道德」之中「意志」經由內在的反思，抽象「人格」轉而成為行為「主體」。這種自我反思、自我規定的能力正是「道德」的起點。

「道德」指明：除非是「我」所承認或規定的東西，否則均欠缺現實性，「我」之所以是自由的，正是因為「我」能規定自己。

（二）「義務」與「責任」

康德的「道德觀」講求對於「道德法則」的絕對服從，不探求原因、不計較得失，為「義務」而「義務」。換言之，排除追求感性的愉快與追求自利與幸福，完全出自「我」的「自由意志」，此種「自由」與感性的滿足無關，道德行為僅來自於「自律」而非「他律」。

換言之，道德行為不是「我」樂不樂意去作，或作了有什麼好處或快感，而是基於「我是人」，「我」就不得不去作，完全不需要任何後天感性或知性動機，原因只有一個，誰叫你是「人」呢？

康德講求道德「義務」，純粹的義務必須排除外在的福利或物質的幸福，即所謂「己所不欲，勿施於人」；黑格爾則講求道德「責任」，所謂「責任」，是對於自身所認識的行為後果負責，本身並不排斥追求自身的福利，而是兼及他人的福利，即所謂「利己利人，推己及人」。

表 4.1：康德道德原理分析表

區分	後天／經驗	先天／純粹理性
主觀規律	他律 （依據感性之自愛原則行事）	自律 （依據純粹義務之道德法則行事）
客觀規律	自然因果法則	道德自由法則

(三)「幸福」與「德性」

「幸福」與「德性」概念，自始有二派說法：首先，就伊比鳩魯學派（The Epicurean）來說，德性就是追求幸福，讓你感到幸福的行動本身就是德性；另外，就斯多葛學派（The Stoic）說，幸福就是追求德性，德性產生幸福感。對前者而言，審慎明智等同於「德性」；至於後者，惟有「德性」是真正的智慧。

對康德而言，斯多葛學派似乎離真理更近一些，因為康德的實踐理性，必須從感官世界中跳脫出來，幸福感本身是追求德性的附屬品，不可能是德性的依據。所以，發之於「義務」而止於「自律」的行動才可能是「道德」。換言之，從追求幸福的立場去行動是無法獲致德性，但德性行動卻可能獲致幸福，一種理智的滿足。

黑格爾則將「幸福」視為需要的滿足，不論此種滿足出自於物質或者是精神的。生命是對於幸福的追求，個人的幸福也是道德的主要目的之一，當然追求其他人的福利及所有人的共同福利可能更為可敬，但並不表示具有更多的道德性。

黑格爾認為「道德」的真理是「倫理」,「道德」僅具有片面性，正如徒然守法而不知法一樣，個人的自由人格無從實現；徒知道德而任性自為，個人的主體性亦無從彰顯。真正的德性不是率性自為，而是行為舉止遵守客觀的倫理規範：「負責任、守本分。」

康德所謂普遍的「道德法則」並不是什麼高深的學問，而是喚醒心中的既有「良知」：

> 「我僅需問我自己：你願意你的準則成為普遍規律嗎？假如是否定的，那它必須被譴責，……因為它不適於成為可能的普遍立法原則。」
>
> *"I ask myself only: Can you will also that your maxim should become a universal law? If not, then it is reprehensible,……because it cannot fit as a principle into a*

possible universal legislation." [2]

黑格爾將「道德」植根於政治與社會的「倫理」系統之中，所以有別於康德的義務觀，「道德」必須放到政治與社會制度中加以考察。

從《法哲學》的辯證軌跡來說，「人」的角色在「抽象法」之中突顯為「人格」；在「道德」中突顯的是「主體」：在家庭中是「成員」，擔負起愛與教養的責任；在「市民社會」中是「資產者」，付出所學及能力，並謀求自身福利的滿足；在「國家」中是「公民」，為國家的富強而忠忱奉獻。真正的「德性」不是率性自為，也不是離世絕塵，而是身為「倫理實體」的一分子，並忠誠地扮演好這個角色。

2 Immanuel Kant, *Groundwork of the Metaphysics of Morals*, p. 19.

CHAPTER

05

「倫理」概念的推演

內在的「善」與外在的「法」的同一，即「倫理」的範疇，「倫理」包含合法性與道德性二者，成為「善」的現實化，稱之為「倫理實體」（the Ethical Substance）。

在「倫理實體」中，成員們一方面享受「權利」，另一方面亦同時付出「義務」，所以「權利」與「義務」的同一是「倫理實體」的標誌。

「倫理實體」依據辯證法區分為：「家庭」（個別性）；市民社會（特殊性）；「國家」（普遍性）。再以「國家」為主體向上推演，又可分為國家法（個別性）、國際法（特殊性）與世界歷史（普遍性）等三個環節。

表 5.1：黑格爾倫理理念分析表

辯證理念	凝聚力	倫理實體
個別倫理	愛與財富	家庭
特殊倫理	需要與滿足	市民社會
普遍倫理	虔敬與愛國心	民族國家

第一節　倫理的個別性：家庭

一、「愛」的結合

「家庭」是一種自然形成的「倫理」，「愛」是「家庭」的內在結合的精神力量。在「愛」的融合之中，一個「孤單的人」變成為家庭「成員」。

「愛」是男女雙方彼此佔有的意志：「我」願意放棄自己的獨立性，並在另一個人之中找到自己。「愛」的意識是一種天性，陷入愛情的男女是最頑強的，其中「理性」或「知性」並無置喙餘地。

在「家庭」之中的成員，雖是一種自我束縛，但同時也是他們情感的解放與滿足。

二、家庭的進程

「家庭」源自於主觀的「愛」，所以可能因「愛的喪失」或「別有所愛」而解體。「家庭」不可避免的產生三個環節：家庭「形成」（婚姻）→家庭「發展」（共同營生、教養）→家庭「解體」（子女成年）。

（一）家庭形成

關於「婚姻」的幾種看法：

第一種：將「婚姻」視為「性」的結合關係，但是這種「性」的結合，如果沒有轉化為「愛」，「家庭」並不能長存。

第二種：將「婚姻」視為「民事契約」，但是「婚姻」除了雙方結合外，欠缺「契約」所轉換的「中介物」，所以「婚姻」也不是契約。

但是將「婚姻」視為單純的「愛」的結合也不正確，因為「婚姻」關係必須顯現於外，並形成一種「家庭關係」。

所以「婚姻」應該是具有「法」與「愛」的雙重性，即「婚姻」本質上是「倫理」關係。同理，如果僅由父母任意安排，欠缺主觀的愛慕而成就的「婚姻」，或是把「婚姻」當成達到其他目的的手段，如政治聯姻等，都不是「婚姻」的健全形態。

「婚姻」是一種發自於激情，又同時超越自然激情，成為雙方信任與共同分享的合法關係，使雙方揚棄個別的獨立人格，形成「家庭」的統一人格：「家神」。

（二）一夫一妻制

從兩性內在與外在完全結合的角度，「一夫一妻制」的婚姻關係確保彼此人格全心全意的相互委身於對方。所以「一夫一妻制」是家庭「倫理生活」所依據的絕對原則之一，如果破壞這個原則，不管是「一夫多妻制」或「一妻多夫制」，都將分裂統一的「家神」。

三、家庭發展

（一）家庭財富

「家庭」以財富的形式作為外在的基礎，「家庭財富」是成員共同勞動的成果，同時也是「家庭」存續的保障。家庭成員出外營生並管理共同財產，所謂「貧賤夫妻百事哀」，財富是家庭的物質基礎。

（二）子女教養

「家庭」的核心涉及子女教養及家長懲戒權。子女教育的兩種主要目的：

1. 在肯定方面：灌輸子女以倫理原則，使子女在愛、信任與服從中度過生活幼年階段。
2. 在否定方面：促使子女脫離自然任性，達到獨立自由人格，及培養其自組家庭後的營生能力。

四、「家庭」解體

「家庭」的解體除了因彼此不再恩愛與信賴而「離婚」之外，尚包括兩種類型：

（一）倫理性解體

「家庭」的任務乃是教養子女至於成年獨立，使其成為自由的人格者，當子女另組家庭之後，舊有家庭將退位給新的家庭。

（二）自然性解體

當一個「家庭」之中父母均已死亡時，其子女依法分配既有財產後，「家庭」因自然因素而解體。

五、「家庭」解體與「市民社會」

「家庭」解體之後，子女成為獨立的行為主體進入「市民社會」，家庭的愛將轉化為具體的生活需要與滿足。市民社會的組成目的是以滿足各種個人的需要，這種人與人之間的相互滿足，以利己（selfish）為中介的相互依賴的生活體系，即是「市民社會」。

小結

參照康德對於「家庭」的觀念是饒富趣味的，首先，康德從「性結合」的角度來看待「婚姻」，男女雙方原本是彼此獨立的人格，但是透過雙方合意的性關係而終身相互占有性官能，因此婚姻本身是一種「契約」關係。婚約的有效性條件是彼此肉體結合，如果無法履行此種契約義務，將使婚約宣告自始無效。

其次，康德也從「性結合」的角度來論證親權（Parental Right），兩性透過婚姻而獲得彼此，並形成一個具有繁殖能力的聯合體。「婚姻」既是自由意志行為，且成年人應對於其行為責任的承擔，「婚姻」關係所自然衍生的子女，父母必須盡到保護及照料的義務，並培養其獨立自主的道德人格。與此相對應，子女直到能夠自立之前，受到細心的照料撫養是原生的天賦權利。

反觀之，黑格爾則從「愛的意識」出發來論證家庭，「婚姻」不是單純的性關係或民事契約，而是具有「法」與「道德」意涵的「倫理」。

康德的倫理學目的在於成就「道德人格」，即依據「道德法則」而行事，因此教育目的亦然，由「他律」轉換為「自律」的人格教育尤為重要。黑格爾教育理念則側重於行為倫理的養成，其目的是公共倫理體系中生活的能力及成熟的社會人格。

表 5.2：康德與黑格爾「家庭」概念比較表		
家庭關係	康德	黑格爾
婚姻關係	契約論 （性的相互占有）	反契約論 （神聖的家神倫理）
親子關係	法權關係 （生育與養育責任）	倫理關係 （愛的倫理責任）
家庭教育	培養道德人格 （遵從義務性道德法則）	培養倫理精神 （遵從具體性倫理規律）

第二節　倫理的特殊性：市民社會

一、「市民社會」的基本概念

「市民社會」的組成是以滿足個人需要為目的，但是需要的滿足必須仰賴其他人勞動及其成果。因此，「市民社會」有如合作伙伴關係的群體，作為滿足各式特殊需要的基地。

「市民社會」的基本原則在於：開放性，任由個人依據自身才能自由發展。但是在創造相互滿足需要的同時，因為個別發展的條件及能力不同，必然呈現「貧困」與「奢侈」的對立現象。所以市民社會必須具備一種調和功能，以便化解各種社會利益的矛盾，並維持這個統一體的運行。

個人為了成為社會中的一分子，必須經過社會教育的陶冶：

（一）理論教育：獲得各種觀念與知識的理智教育；

（二）實踐教育：在勞動中產生養成工作習慣與技藝。

二、「市民社會」的組成

（一）「需要體系」與「等級」（The Class）

每個人在為自己取得生產享受的同時，也同時為其他一切人的享受而生產，這種「生產－消費」體系本身是一個「普遍財富」，構成具有各種職業分工與等級差別的有機整體。

「等級」是「市民社會」源於勞動分工所發展而來的職業分類：

1. **實體等級**（The Substantial Class）：農業。以土地耕種及產生自然產物為其財富，直接以土地為對象。
2. **產業等級**（The Industrial Class）：手工業、工業以及商業。以自然產物加工製造及交易為職業，著重於勞動技藝、反思、理智。
3. **普遍等級**（The Universal Class）：國家公務員，以社會普遍利益相關的事務為職業，在對國家的服務勞動中獲得私人的滿足。

「等級」的形成包含天賦、出身、環境等自我無法決定的自然因素，但是如果「等級」差別成為一種既定的權力或利益，則社會秩序將因內部的僵化腐敗而面臨顛覆。所以社會上對於諸如天賦、種性、門閥、環境等「自然差別」必須予以合理控制，職業等級差別主要應由個人自由選擇及能力功績來決定。

個人在「市民社會」取得自我發展的場所，必須在相同的「等級」群體內尋求「等級歸屬」及「等級榮譽」，藉此原本孤獨的「人」而成為一個「人物」。

（二）司法

在「市民社會」中，「抽象法」必須轉化成為保護人身自由及所有權，維持穩定社會秩序的「實定法」，此即「法律」與「司法」。

1. **法的公平與有效**

「司法」的首要特質是「法」的公平性，在多種實際利益相互交織的衝突之中創造穩定的法秩序。因此，法律應為人所共知，並具有公認效力。例如暴君把法律掛在高處，使人們無法閱讀；或者將法律淹沒在茫茫判例匯編中，都是違反法律概念的作法。

不過特別需要注意的是：「道德」及「宗教」屬於個人內心生活，不能成為「實定法」規定的對象，除非這些內在的活動外化成為影響外部法秩序穩定性的負面因素。

2. **法的內容與適用**

就內容規定而言：法律一方面要求簡單易懂，另一方面又要求完備無缺；就具體適用而言：一方面要求法秩序的穩定，另一方面又不斷的更新規定。所以從辯證法看來，所謂「法」的完整性只是永遠地向完善性的接近而已。誠如黑格爾的名言：「好的敵人是最好」[1]，指的就是法律體系的不斷趨向完善。

3. **「法益」的轉換**

在「市民社會」之中，犯罪行為所具有的社會危險性，由原先對「個人法益」的侵害轉換為對「社會法益」的侵犯。「刑罰」做為犯罪的否定性，在以個人利益及報復為主的古代，比較以普遍社會理性為思維的現代，對於犯罪形態與刑罰的質量當然有所不同，前者因為欠缺對於「人格」的認識與尊重，自然比後者要殘忍酷虐許多。例如今日的叛國罪與古代的謀逆罪。

「實定法」對犯罪的懲罰目的不在於報復或復仇，而是獲致穩定普遍的法秩序。在客觀方面，法律與自身的調和，透過刑罰對於犯罪的否定，法律獲得實現並回復原狀；在主觀方面，犯罪者與自身調和，犯罪行為人認識到法的尊嚴並接受法的制裁，藉由懲罰行為，回復為原初完整「人格」，而「法」則獲得正義的滿足。

4. **法的衡平性**

法律的僵固性使其實質意義與時代理性脫節，因此「實定法」必須有補救管道，如「陪審制」（Jury）。「陪審制」彌補法院裁量與社會正義之間的落差。因為對於案件本身的認識與評判，並不全然依靠繁複的法理，而是憑藉感性直觀，這是每一個有教養的人都能做的事。

---

1 Hegel, *Philosophy of Right,* §216. Note: “The enemy of good is the best.”

「陪審法庭」作為罪犯與法官之間的中介，由陪審員的主觀信念與良心，將法律與市民社會的真實生活聯結起來，使法院裁決不致與時代脫節。

（三）警察

「司法」制度是被動地對各種「法益」侵害的防止，但整個社會需要體系，必須輔以主動的其他權力，即「保安權力」（The Guarantees Security）。

保安權力保障及監督涉及社會公共安全，必須具備：

1. **補救功能**：對於偶然任性的犯罪行為的防止，如例行監督巡邏；
2. **預防功能**：對於個人原本合法的行動本身可能失控而造成他方損害或形成不法的防止，如各類型遊行集會活動的監察。

「凡有權者必濫權」的政治鐵律，因為警察會把一切可能事務都納入它的範圍內，如果過度擴張此種保安權力，則市民社會將無自由可言。「警察權」的執行涉及個人自由的侵犯，因此，何種行為有害、何人涉有嫌疑、採取或不採取禁止、監視、查詢、盤問等等，均必須依據明確的執行程序規定。

（四）同業公會（The Corporation）

「同業公會」的形成係基於勞動組織的同質性，具有相同技能的成員共同聯合起來，藉以謀求該產業成員的特殊利益，並訓練培育具特定技能及專業特質的會員。

作為「公會」的會員，表示自身具有一定技能及謀生能力，在「公會」中個人擁有其應有的等級尊嚴。換言之，「公會」提供成員穩固的營生基礎及財富，並於必要時提供救助措施，「公會」的地位有如會員的「第二個家庭」。

「公會」的重要性在於：促使個人從謀求一己私利的地位，轉換為群體共同利益而無私奉獻。「公會」提供個人參與社會普遍活動的機會，並為後續成為「國家公民」進行奠基工作。

三、從「市民社會」過渡到「國家」

整個《法哲學》理路至此明朗，從「個別性」倫理（家庭）通過自然解體，形成為「特殊性」倫理（市民社會中的同業公會），通過內聚力的提升，進而達到「普遍性」倫理（民族國家）。這種「自由意志」的辯證發展，是黑格爾對「倫理」概念所作的科學性分析。

「國家」的存在有兩個重要基礎：一個是「家庭」，另一個是「同業公會」。「家庭」理念的內核為：「愛」與「財富」；形成「同業公會」的內核為：「等級尊嚴」、「等級認同」與「等級利益」。

第三節　倫理的普遍性：民族國家

一、國家的理念

「國家」如同「家庭」與「市民社會」，是現實化的「倫理」，而且是「倫理」的最高階段。「國家」的外在生命表現於一個民族的風俗習慣中，內在生命則存在於公民的虔敬愛國情感。這種神聖的民族情感比起「家神」更為高階，稱為「國魂」或「雅典那」（The Spirit of a Nation, Athene）。

個人以「國家」作為他的倫理性歸屬，只有在「國家」之中，個人的心靈（自由意志）才能獲得真正的滿足。從法理上來說，「國家」的普遍利益正是個人的最高利益，個人在追求特殊利益的同時，也達成「國家」的普遍利益。

在「抽象法」與「道德」領域，權利與義務並非結合在一起的。在「私法」領域，權利義務通常反應在「契約」之中，屬於彼此對價關係；在「道德」的領域，往往要求拋棄「我」的權利，並以單純的道德義務作為品格高尚的表徵。然而在「國家」中，我所負的義務同時是我的權利，因為國家的利益及目的同時是我的利益及目的。

雖然「義務」對於個人而言是一種犧牲，但當在履行公民義務時，個人身體生命及財產同時受到「國家」保護，並獲得作為公民的意識及尊嚴，當公民為「國家」盡其義務時，不僅保全以及發展自己，「國家」亦因此而得以長存。

「國家」的存立除了外在的法令之外，以個人對「國家」的信任及忠誠為倫理基礎，這種「愛國心」，不是一種主觀偶然的情緒，而是對倫理實體的確信及習慣，一種對「國家」的至高的信任感。

依據辯證法理，「國家」理念區分為三個部分：

（一）**「個別性」**：國家內部的制度或「國家法」（憲法）。

（二）**「特殊性」**：國家與國家之間的外部政治或「國際法」。

（三）**「普遍性」**：國家在世界精神的發展進程或「世界歷史」。

二、國家法

（一）國家制度

「國家」為了自我發展與保存，依據不同的功能、職務、活動而分化為各種權力。但是分化的每一部分又非獨立分離，它們構成完整的「國家制度」，顯現為「國家」的內部關係「文治」與外部關係「武功」。

黑格爾是站在「君主立憲制」的視角去闡釋「國家制度」：

1. **普遍性**：立法權：規定及建立法律體系。
2. **特殊性**：行政權：依據法令行使政務。
3. **個別性**：王權：作為最終決斷權力的意志。

這裡的「王權」必須與「專制」加以區分，「專制」是獨裁者以自己的意志代替法律；而「王權」是君主在憲法及法制的統治下，執行法定的權力。「獨裁者」是國家的最高權力只致力於保存及創造自己的福利，「君主」則運用憲法的約束及所賦予的權力之下，壓抑一己之私，謀求國家的最高利益。

「王權」更多的意涵是代表著「國家人格」，即「主權者」的理念。「君主」與「主權者」並不等同，「主權者」（國魂）是對內最高、對外獨立的國家意志，但「君主」則沒有恣意妄為的餘地。「君主」受到國家律法、官僚體系及政治慣例的約束，當國家制度健全穩固時，君主除了簽署批可法令文件之外，更無其他事可作。

（二）對國家制度的理解

政治學上有從「數量」來理解國家制度者，將國家制度區分為君主制（主權者為一人）、貴族制（主權者為一些人）、民主制（主權者為所有人）。另外，有從「性質」上來理解國家制度者，如將「美德」（virtue）視為民主制的原則、「節制」（moderation）作為貴族制的原則、「榮譽」（honor）作為封建君主制的原則。

相對於以上的分類，從「倫理實體」的觀點來說，「國家制度」可由二方面加以考察，其一是串聯國內一切關係的法律，其二是人民的風尚與意識，二者的融合反映在一個國家的「民族精神」之上。每一個民族都有其特殊性，僅適合於它本身的國家制度。

至於一個「國家」是好是壞？黑格爾說得很清楚：

「國家是真實的，……他的現實性是普遍性（整體利益）與特殊性（特殊利益）的統一，如果這種統一不存在，就不是現實的，即使它達到了實存。一個壞的國家是僅僅實存著的國家，一個病軀也是實存的東西，但它沒有真實的實在性。」[2]

"The state is real,……Actuality is always the unity of universality and particularity, ……In so far as this unity is absent, the thing is unrealized, even though existence may be predicated of it. A bad state is one which merely exists. A sick body also exists, but it has no true reality."

2 Hegel, *Philosophy of Right* §270. Add. pp. 213-214.

（三）公共輿論

「公共輿論」的特性是繁雜多元，個人對於公共事務具有自我的判斷、意見及建議，並有權利加以表達。

「公共輿論」時常不是趨向於真理，更多的是錯誤與曲解，在蜚短流長、人云亦云的公共輿論中，個人如果無法進行審慎而理性的獨立判斷，將難以在現實生活或知識方面取得正知正見。

一般對於「公共輿論」有兩種極端觀點：其一是「天視自我民視，天聽自我民聽」，將民意視為天意，是施政的唯一指導原則；另一則是「無知庶民斥責一切，對了解最少的事說的最多」，將民意視為不值一觀的巷議街談，道聽途說。

「公共輿論」之所以必要，在於人民表達意見的自由獲得滿足，讓民眾大鳴大放要比壓迫民眾默不作聲的危險性要少得多。從本質而論，「公共輿論」是一種政治參與的方式，也是公民反應政治意見的必要權利。所以，公民表達政治意見的自由權力值得尊重，但所表達的混雜意見則必須審慎鑑別。

三、國際法

「國際法」由國與國之間的關係中產生，其中的「法」的概念還是「應然」的形式，因為國際之間欠缺一種最後的強制權力。

「國際關係」是許多獨立自主的國家之間的關係，因為在世界上並沒有比國家更高的理念存在，因此所謂的條約、協定，並無法絕對約制國家的行動。

（一）「國家」特性

1. 對外獨立

「國家」內部形成一個完整的主權有機體，作為一個主權獨立的國家，具有本質上的對外排他性。一個「民族國家」在國際關係之中的獨立自主是最基本的自由與尊嚴。

2. 對內最高

「國家」是個別成員的真理，與國家的無限與永恆相對比，個人的利益與權利成為短暫消逝的東西。在必要情況之下，個人的生命財產必須無條件犧牲，以維護國家的獨立尊嚴。

（二）國際關係

「國家」的實力必須足以使其他國家承認，才能顯示此「民族國家」的主權獨立。換言之，獲得一個民族尊嚴的方法無他，即一個國家必須站上國際舞臺，否則仍屬於「抽象的國家」。

「國際關係」是國家實力的角鬥場，一國既不允許他國干涉內政，但又不能無視於他國的內政，這種吊詭正是國際關係之中缺乏普遍正義的原因。

如果國家的力量足夠強大，他國的形式承認並不重要，因為實質上他國也無從否定其獨立及主權地位。正如拿破崙說：

「法蘭西共和國是不需要承認的，正如太陽不需要承認一樣。」[3]

"The French Republic needs recognition as little as the sun requires to be recognized."

「國際法」是基於國家的自主意志來決定的「契約」，形式上應被遵守。但是「國際關係」實質上處於實力至上主義的「自然狀態」，並不存在一個普遍的超國家的權力，國際間只有「調停者」（a Referee）沒有「裁判官」（Judge）。

「國際聯盟」的組織不論是基於正義、協助、合作或其他因素，始終不離各國的實質利益及其主權意志。「國家利益」才是國際關係中的最高指導原則。

3 Hegel, *Philosophy of Right* §331. Add.

四、世界歷史

（一）進入「世界歷史」的資格

一個因自然血源、共同習慣而形成的族群，如遊牧民族、農耕部落等，在未建立起國家制度，取得獨立主權地位之前，該民族不會獲得承認。當一個民族在形成「國家」之後，始具有「世界精神」上的實質意義。

（二）競逐「時代精神」

「民族精神」匯聚整個國家有機體的力量，在特定的時空之下追求民族的最高福利，同時在世界歷史中留下印記，「世界歷史」正是各民族相互競逐的命運與事跡，每個歷史階段必存在一個璀燦而獨領風騷的民族精神，稱之為「時代精神」。

「民族尊嚴」展現在成為承擔「時代精神」的國家身上。在世界歷史發展的各階段，佔據統治地位的「民族精神」，創造「世界精神」的新紀元，其他民族在這個歷史階段，都只能是沉默的跟隨者。

一個居於統治地位的「民族精神」，經由幼年萌芽成長，致於全盛而後消亡，此一統治民族出現了否定自身的更高力量，由另一民族取代舊民族，並獲得此一新階段世界歷史的意義，以此構成整個「世界精神」的歷史。

（三）世界歷史的開展

1. **「自然倫理」階段：東方王國**

   「國家」僅是源自「家長制」擴大化的自然倫理整體，講求個體的絕對服從，所以僅有帝王（孤、寡人）是自由的。

2. **「個別倫理」階段：希臘王國**

   「國家」是「原子式」的民主集合體，實行「奴隸制」，所以只有具公民資格的男人是自由的。

3. **「特殊倫理」階段：羅馬王國**

   「國家」成為貴族或軍人集團爭奪私人利益的競技場，「奴隸」仍未獲得解放，所以亦只有部分人是自由的。

4. **「倫理實體」階段：日爾曼王國**

具有基督教平等精神的立憲政體，在憲法權力的保障之下，所有公民都是自由的。

（四）宗教與國家

「精神王國」（宗教）藉由內在信仰的力量，與「塵世王國」（國家）進行俗世權力的爭奪，「宗教」成為拒斥「國家」的勢力，並發生破壞作用。

「宗教」透過其教義的內在洗禮，塑造個人的真理觀及信仰，促發虔敬情感並成為現實上的否定力量。「國家」則透過「法」的強制性權力，阻礙信仰力量的恣意發展。

「精神王國」與「塵世王國」的鬥爭中，「宗教」把它的虔敬本質賦予現代的「國家」，「教會」與「國家」之間的對立消失了，「國家」成為「法」與「道德」統一的「倫理實體」。

表 5.3：黑格爾世界歷史分期表			
幼年期	青年期	成年期	老年期
東方	希臘	羅馬	日爾曼
一個人自由	部分人自由		所有人自由

（五）哲學的任務：掌握「絕對精神」

「時代精神」的最高發展階段是「絕對精神」，表現在知識（真）、宗教（善）與藝術（美）的統一，所有「真、善、美」的具體內容都是「絕對精神」的產物。「哲學」是對真理的認識，對象包含所有「自然」與「精神」的東西，即「絕對精神」各面向的理解與洞察。

「國家」作為「法」與「善」相互滲透的「倫理實體」，是「絕對精神」成為現實理念的發展基地。「國家」的神聖性以及「絕對精神」的

「真、善、美」概念，也僅有睿智的哲學家及真正的哲學才能洞悉它。

小結

「國家」就是「善」的現實化，「我」向「現實的善」的實踐發展，或者反過來，「現實的善」對我的灌輸內化，都是「倫理」理念的呈現。因為「國家」已取得「法」的強制力與有效性，具有不可動搖的地位，並且成為調整「我」的生活的真正力量。

但是如果未經「我」的自由反思，僅因受到壓迫或是消極而習慣於成為順民；或者在「國家」中只見嚴整紀律，不見幸福歡顏，那也不是一個發展健全的現代「國家」。

「國家」的普遍目的或許必須要求成員奉獻犧牲，但必然是出自於保全群體利益的合理性手段。「無政府主義」或「集權主義」都不是合理性的國家理論。

「國家」是個人實現其自身志業的「倫理」基地，這是亞里斯多德的迴響：

> 「國家顯然是天然的產物，人天生是政治動物，一個人如非意外之下，基於天性而沒有國家，則他不是卑劣之徒，就是超凡入聖。」[4]
>
> *"Hence it is evident that the state is a creation of nature, and that man is by nature a political animal. And he who by nature not by mere accident is without a state, is either a bad man or above humanity."*

「世界歷史」的進程是：從一個人自由（東方王國）以至於部分人自由（希臘、羅馬王國）最終達到所有人自由（日耳曼王國）的過程，現代國家的主要原則就是「自由原則」，亦即政治權利的普及化，從現代民主政治制度發展的角度來說，確實是不易之理。

4 Aristotle, *Politics*, Trans. Benjamin Jowett, Batoche Books, 1999, p. 5.

但是《法哲學》在「倫理」的探討中有三點值得斟酌：

（一）兩性的差異

對於男女天生稟賦與社會角色的關聯性可以溯及柏拉圖，在《理想國》中，柏拉圖認為婦女與男子在天賦上並無不同，其承擔城邦責任、接受教育的資格是男女平等的。

黑格爾則堅持兩性的自然差別，形成二者在分擔社會責任的角色區別。男性是理性的造物，先天具備獨立思辨能力，而女性則是感性造物，憑藉情緒與直覺判斷，因此男性天性即適合主動競爭的社會與政治生活，女性則適合被動守紀的家庭生活。

表 5.4：黑格爾兩性本質差異分析表

性別	意志判斷依據	性格	希求目的
男性	理性：理性思辨	主動競爭	自主獨立
女性	感性：情緒直覺	被動守紀	家庭生活

黑格爾認為婦女可以教養的很好，但她們天生不能研究較高深的科學、哲學及藝術創作。就男女關係而言，男子在家庭之外有另一個倫理活動範圍：社會與國家，而女子的歸宿在於婚姻與家庭，將婦女排除在國家參政權之外。所以在《法哲學》之中，真正自由主體不是所有的「人」（person），而是「有資產的男性公民」（The male bourgeoisie），這是向希臘城邦政治觀點的回歸。

（二）「貧民」的社會成因

黑格爾認為貧富差距是個人機遇所致，「貧民」是社會的必然性。然而，真正形成「貧民」的原因是心理問題而非制度問題，「貧民性格」是於對富人、社會及國家的內心反抗，並將不事生產當成自身的權利。因此，「貧民」既放棄自我奮鬥與幸福的權利，國家與社會亦不具有救助的義務。

但是「國家」的普遍目的既然包含市民社會的特殊利益在內，就有義務正視自然不平等以及因社會條件的不公正所導致貧富不均等社會問題，並謀求制度上的解決，這是「國家」的必然義務。

將「貧民」視為一種心理現象，則心理會轉化為生理，思維會轉化為現實，透過對於貧民性格的漠視，等於為後來的無產階級革命開啟另一道哲學之門。

誠如馬克思《黑格爾法哲學批判導言》所揭示：

「事實上就是市民社會的一部分解放自己，取得普遍統治；藉由它的特別地位，一定階級從事於社會的普遍解放（the general emancipation），並將能解放全部的社會。」[5]

（三）潛在的國際霸權主義

「時代精神」與「世界精神」很明顯是一種「鬥爭論」與「進化論」的結合，世界歷史的主體是「民族國家」，而「國家」有機體的靈魂是「民族精神」，所以世界歷史就是「民族精神」的鬥爭史。

歷史「進化論」不可避免的與「帝國主義」、「種族主義」及「霸權主義」接軌，卡爾．巴柏（Karl Popper）將黑格爾視為開放社會的敵人，並非無的放矢之論。

總之，「倫理」是《法哲學》中最重要的概念，表彰「自由」的真正實現。「自由原則」是人類文明發展的一種至高理想，但是「所有人皆自由」的實踐，取決於群體之間「主人」與「奴隸」矛盾關係的徹底解決。只要國家內部或國際社會仍存在各種政治、經濟與文化上的壓迫、歧視與矛盾，「自由理念」即無法徹底落實。

誠然「普世人權」及「世界大同」仍是不可及之的理想，但是不可諱言的，「自由」及「平等」的本質正在逐步成為「時代精神」，這是《法哲學》的宏觀之處。

---

5 Karl Marx, *Select Essays by Karl Marx,* Trans. H. J. Stenning, New York: Libraries Press, 1968, p. 9.

CHAPTER

06

對《法哲學》的反思

依據辯證邏輯思維，以黑格爾《法哲學》為基本理論，另外提出四個參照理論進行反思，即「順向」與「逆向」、「形式」與「實質」等四種不同面向的考察：

一、順向考察

《法哲學》中認為國際關係是一種自然狀態，本質上是強權與利益的競爭。在「順向考察」之中，引介康德[1]的「世界和平論」，探討「國際聯盟」成立的可行性。

二、逆向考察

《法哲學》中認為國家是倫理實體，必須積極謀求國家及公民的福利。在「逆向考察」之中，引介諾錫克[2]的「守夜人國家觀點」，探討國家功能的最小化理念。

三、形式考察

《法哲學》認為「法」是外在的「抽象法」與內在的「道德法」的統一。在「形式考察」之中，引介凱爾森[3]「法律階層說」，僅就「法」的形式及位階，去探討國家法與國際法的建構理念。

四、實質考察

《法哲學》將國家與公民之間視為倫理關係，將國家與國家之間視為競逐關係。在「實質考察」之中，引介羅爾斯[4]的正義理論，探討國家之內與

---

1 康德（Immanuel Kant, 1724-1804），德國觀念論哲學開創者，近代西方最具影響力的哲學家。

2 諾錫克（Robert Nozick, 1938-2002）美國當代著名的哲學家，撰寫《無政府、國家與烏托邦》（1974），堅持自由主義思想，批判羅爾斯《正義論》的社會矯正觀點。

3 凱爾森（Hans Kelsen, 1881-1973），奧地利裔當代著名法學家，純粹法學派巨擘。

4 羅爾斯（John Rawls, 1921-2002），美國當代政治哲學家，撰寫《正義論》（1971），為當代政治哲學領域巨著。

國際之間的互動中，是否存在普遍的「正義原則」。

表 6.1：《法哲學》的反思模式對照表					
模式	基本模式	順向模式	反向模式	形式模式	實質模式
學者	黑格爾	康德	諾錫克	凱爾森	羅爾斯
理論	倫理實體說	永久和平論	守夜人國家	法律位階論	正義論

第一節　順向考察：康德永久和平論

「法權」(Right) 是調和社會衝突，形成一個和諧整體法秩序的前提要件：每個人的行為必須依據「普遍法則」行事，簡單的說就是依據「法律」：取其所應取、不奪人之所有。

康德指出：「國家法權」、「民族法權」與「世界法權」是維持穩定的人類世界所不可或缺的要素。

一、國家法權

「國家法權」包括：主權、行政權與司法權，其中「主權」所歸屬的「立法權」，乃是人民的「普遍意志」或「公意」。

最符合「契約論」精神的國家憲制是代議制政府，「憲政」是平等自由的人民經由契約建立國家、共同制定憲法，藉以脫離自然狀態，維持社會秩序的和平。

二、民族法權

雖然「國家」與「國家」的外部關係是一種自然狀態，一種野蠻的戰爭狀態。但是依據「原始契約」理念，為保護並免受外敵入侵，得以形成「民族聯盟」。

基於「理性法則」，國家之間的自然狀態必將過渡到文明狀態。康德呼籲國家之間就如同個人一般，各民族的自然狀態必須進入法律狀態，戰爭狀態必須進入和平狀態。

各民族之間應當組成一個普遍的「國家聯合體」，或稱為「永久性國家議會」，以非強制性的民事訴訟方式來裁決國家紛爭。這種理想促成了世界大戰期間「國際聯盟」及「聯合國」的產生。

三、世界法權

依據「土地原始共有」的理念，表示土地為公民聯合共有，並依法權概念歸屬於私人所有。「土地共同體」表示每個人都對地球所擁有的原始權利，由此衍生的地球住民之間相互善意交往訪問的權利稱為「世界公民權」。

「鎖國主義」杜絕外邦人士交流，或者是「帝國主義」主張以武力去強佔原屬於其他民族的領土，都是不義的行為。人類群體應致力於政治上最高的善：「永久和平」，藉由「世界公民權」的善意參訪及「商業精神」的互利性，世界各民族應當互利共享，進而永久杜絕戰爭。康德說：

> 「如今道德的實踐理性在我們心中發布它的不可抗拒的禁令：不能有戰爭，不管是在自然狀態的你我之間，或是在國與國之間。……因為戰爭並不是任何人追求法權的途徑。……我們必須朝向建立永久和平以及最有助益於永久和平的憲制形式而努力。」
>
> *"Now, morally practical reason pronounces in us its irresistible veto: There is to be no war, neither war between you and me in the state of nature nor war between us as states, ……for war is not the way in which everyone should seek his rights. .... we must work toward establishing perpetual peace and the kind of constitution that seems to us most conducive to it."* [5]

---

5 Immanuel Kant, *The Metaphysics of Morals*, pp. 160-161.

四、永久和平

康德在《永久和平論》中提出建構世界秩序的初步規定，包括「預備條款」與「正式條款」，簡要的介紹如下：

（一）預備條款

1. 締約的誠信原則：凡締結和平條約時預含未來戰爭之伏筆者，不得視為有效。
2. 各民族主權的平等性：一個國家不論大小，其獨立地位不應被其他國家以繼承、交換、購買或贈與取得。
3. 取消軍隊：常備軍應即時廢除。
4. 禁止戰爭謀利：國家不得因對外戰端舉債，藉勝戰掠取鉅額賠償。
5. 各民族主權的獨立性：不得以武力干涉他國體制與內政。
6. 戰爭手段的限制：國家戰爭不得使用破壞未來和平雙方信任基礎的不名譽手段，不能演變至滅絕式戰爭，如暗殺、毒氣、破壞條約、鼓動叛變等。

（二）正式條款

「正式條款」是對於國家憲制、國際機構及公民權的強制規定，世界和平並非輕易可及的目標，而是被艱辛地建立起來的法治秩序。

1. **民族的基本政體**

   每個國家的政體應該是「共和制」，其政權形式必然是共和分權的代議制。

2. **國家聯盟的建立**

   國際法權應以自由國家的聯盟為基礎，經由各民族之間訂立「和平盟約」，藉以結束一切戰爭。

3. **世界公民權**

   作為世界公民的人權，應以普遍友好為基本條件，藉由各國人民至世界各地的參訪權，漸進形成一種世界性體制。

（三）秘密條款

除了前兩項條款外，康德特別提示了兩個重要但不須明文規定的心靈條款：

1. 對於「哲學家」的尊重：因為思想家在促進永久和平的目標上遠比政治家重要，所以應保障哲學家的政治思想及言論自由權。
2. 政治事務的「公共性」(Publicity)：公共事務儘管涉及繁複多樣性，但其共同原則就是「開誠佈公」，一切資訊公開透明就不可能暗中藏私、上下其手。

但是為什麼永久和平機制是「國家聯盟」，而不是組成一個多民族的國家？誠然「世界共和國」是一個最佳方案，但卻違背當前的國際現實，因此國家聯盟是為了避免戰爭的次佳方案。

誠如康德所言：「政治道德家」(a political moralist) 將國家與國際事務當成是一個純政治技術問題，而「道德政治家」(a moral politician) 則將之當成是一個道德的權利義務問題，當政治家們開誠布公地追求純粹實踐理性王國及其正義，則永久和平福祉將自行降臨。

第二節　逆向考察：諾錫克最小限度國家

諾錫克的《無政府主義、國家與烏托邦》是當代治哲學的經典之作，堅持自由主義基本精神，強調最小限度國家的合道德性，捍衛個人不可侵犯的自由權利。

如果個體必須組成一個國家，藉由合法暴力來解決個別紛爭的話，則此種強制力的執行範圍僅以保護「自由權利」免受侵犯為限，所以國家的功能及權力必須越小越好。諾錫克指出：

「這種最小限度的國家，其功能僅限於保護人們免於暴力、偷竊、詐欺、保證履行契約等等。」

"......a minimal state, limited to the narrow functions of protection against force, theft, fraud, enforcement of contracts, and so on, is justified."[6]

諾錫克的主張可以簡要濃縮為三個課題：

1.「**國家產生**」：堅持國家建立的正當性與道德性，反對「無政府主義」；

2.「**國家功能**」：堅持「財產權」正義觀，反對任何「再分配正義」；

3.「**國家理想**」：堅持「最小限度國家」，反對廣泛權力的「福利國家」。

一、國家產生

（一）自然狀態

「自然狀態」是國家最初的起源，所有人遵從「自然法」來統治，「自然法」的理性是所有人都是平等及獨立的，任何人都不應該去傷害其他人的生命、健康、自由或財產。

「自然權利」就是：行使自由的權利、保護自身的權利、避免受他人侵害、以及受侵害時的進行懲罰、索取賠償。

僅憑藉一己之力對於保護權利、避免侵害，或者確認及釐清侵害事實，據以懲罰或追償侵害者，往往力有不逮，因此，個人之間自動地產生聯合，形成相互支援照應的「相互保護性社團」。

（二）相互保護性社團

業餘性質的「相互保護性社團」也面臨執行不力之處，例如干擾正常生活、假公濟私、欠缺公信力等。這些缺失促使「保護性社團」的分工專業化，形成專業性的「私人保護機構」。

6 Robert Nozick, *Anarchy, State, and Utopia*, Oxford: Blackwell, 1999. Preface, p. 9.

（三）支配的保護性社團

「私人保護機構」之間彼此的實力較量，產生存優汰劣的情形，而在勢均力敵的保護社團之間，為平和的解決紛爭亦可能再次聯合，形成同一領域內僅存一個「支配性保護社團」。

此「支配性社團」並不具有合法的權力，而且所服務的對象僅限於支付對價的顧客，因此是片面的，在其領域之外仍面對獨立行使權利的個人。

（四）超低限度國家

「支配性社團」在執行服務時，必須遵照不同社團之間都能接受的「程序正義」，禁止使用不可靠或不公正的程序，以確保對於侵權者的懲罰追償的可靠性與公平性。透過符合「程序正義」的保障，「支配性社團」取得了暴力的獨占權。「支配性社團」的相互結合，形成「超低限度國家」，擁有使用暴力的壟斷權，但僅向購買保險的人提供保護與強制服務。

（五）最小限度國家

「超低限度國家」強力壟斷權的服務範圍逐漸擴大，形成「最小限度國家」，「自然狀態」下的「自我保護」轉換為「公共保護」，同時禁止私人強行正義的執行。

二、國家功能

「最小限度國家」的功能僅限於保護「自然權利」，市場上存在自由競爭機制，猶如一雙「看不見的手」，允許每個人透過原始取得或轉讓等方式持有合法財產。這種財產權的「持有正義」（Justice in holdings），任何人或者群體都不能加以侵犯，或假藉分配正義、再分配正義之名予以剝奪。

三、國家理想

「烏托邦」（utopia）是 Thomas More 在 1516 年著作時的新創名詞，代表兩種意義：「好」（good）與「無此處」（nowhere），借用希臘文字「eu」 （good）與「ou」（not），代表一種既美好但是又不存在於現實之中的理想社會。

諾錫克將「最小限度國家」與「烏托邦」整合起來，使得「最小限度國家」成為保障人類幸福的最終理想。

（一）共同體

一個生活「共同體」本質上具有三種特色：

1. **個人偏好與價值**

一個穩定的「共同體」，不可能是同質性個人的組合，而是異質且互補的一群人組成的，因共同生活而彼此獲益。同理，一個政治制度，同時實現所有的「善」是不可能的，或在歷史進程中持續地實現所有人的「善」，都是不切實際的想望。

2. **開放性社群**

「社群」的產生與發展是基於個人的自由流動性，不管出自於何種動機與目的，個人都可以依其偏好創設、參與、退出、聯合或者撤銷。

3. **共同體的多元化**

「社群」的開放性與多元化發展，其基本動力是個人尋求其價值的滿足，產生個人與個人之間的主動聚合與聯結。所謂的「好」或「善」，絕非僅存在於一種生活方式，或是僅有一種「共同體」。

（二）烏托邦框架

「共同體」是一個多元發展的體系，但仍必須符合一個基本框架：

1. 個人自由權利的不可侵犯。
2. 個人不可被當成手段，生命本身即是目的、權利與尊嚴。
3. 相互尊重的個體之間，自願合作的前提下，自主選擇生活方式，實現自我目的。

這個「烏托邦框架」表示一個內容空白的共同基地：

「烏托邦是各種烏托邦的框架，這樣的一個場所，人們在理想的共同體中實現他們關於美好生活的想像，但在這裡，任何人都不能將自身的烏托邦願景強加給他人。」

"Utopia is a framework for utopias, a place where people to realize their own vision of the good life in the ideal community but where no one can impose his own utopian vision upon others."[7]

（三）烏托邦體系

「最小限度國家」其實就是形成並保護這個烏托邦框架，在這個國家權力極小化的對應下，個人自由權利空間的極大化，其中除了自我的選擇之外，市場上「看不見的手」的完全競爭機制，將會促使在這框架內生活的個人，運用自由權利，在對等互惠的原則下，自行建構屬於自身的烏托邦。

「烏托邦」就是：一個允許成員自由發展的「自由主義式」的多元共同體。國家本身僅具有工具意涵，且其干預自由市場機制的權力必須越小越好。

國家功能僅須達到基本社會與經濟秩序維護即可，至於其他生活範疇，透過自由競爭機制，將會自動取得供需之均衡。人類社會所最需要的基本信仰，就是確保社會的開放性與多元化發展。

第三節　形式考察：凱爾森法規範體系

凱爾森（Hans Kelsen）企圖建立一種「價值中立」的法科學，反對以任何特定價值觀或情感的意識型態來評斷法律，而是客觀理性地認識法律，此種「純粹法理論」是探究法律的「實然」而非「應然」。

7　Robert Nozick, *Anarchy, State, and Utopia*, p. 312.

「自然法」理論認為人類行為的某些規則，來自於事物本性或人的本性，因此具有絕對的神聖地位，如「自由」、「平等」、「私有財產」等，凱爾森認為這些「自然法」理論都是一種主觀的意識型態。法學應該建立在「實在法」的科學基礎之上，而非訴諸主觀情感的自然法，法學因此與政治哲學、道德哲學區分開來。

一、純粹法概念

（一）法的概念

凱爾森將「法」定義為：為了規範人的行為「秩序」所創設的「規則」體系。相對於道德與宗教規範，「法」的規定不是涵蓋所有的人類行為，必須附加某些條件或結果，始得成為「法」所適用的對象，例如單純捕魚的行為，但如果使用特殊手段，如電魚、毒魚，或違反對於特定魚種的保護禁令等，始受到「法」的規範。

（二）合法強制

「法」是一種「強制秩序」，有別於道德與宗教的自願服從，「法」就是以「制裁」為服從手段的強制秩序，是形成社會秩序的一種特殊技藝。例如對於偷盜行為，道德律令是：勿偷盜；宗教誡律是：偷盜者下地獄；而法的規則是：偷盜者打五十大板。

「法律共同體」的特性就是合法的暴力壟斷。「法律」是一種要求所有成員絕對服從的「命令」，而「命令」之所以具有效力，或者稱之為「拘束性命令」，原因在於受到「授權」。換言之，只有該「命令」來自具有權限的機關，對於成員而言始有服從之義務。

例如持槍搶匪對於超商店員下令交出現金，而店員被迫服從，固然是服從於一種強制性命令，但這種命令出自於「無權者」，因此並非「拘束性命令」，反而是對於法律的僭越。

（三）不法行為

「不法行為」是法律所禁止的行為，在不同民族、不同文明程度、不同時期、不同法秩序，對於「不法行為」的認定多有差別。

「不良行為」（違反道德習俗或宗教規範）與「不法行為」（法律所禁止）是不同的。如刑法法諺：

「法無明文不罰；法無明文不為罪。」

（*no sanction without a legal norm providing this sanction, no delict without a legal norm determining that delict.*）

從根本概念上來釐清，「不法行為」只是「實定法」所決定施以制裁的條件，與道德或善惡無關。例如在未成年人犯罪處罰監護人的情形，真正的行為人是未成年人，但是實定法規範下的不法行為人卻是監護人。

（四）義務與責任

法律「義務」相對於法律「制裁」，行為人因為畏懼處罰所引伸出來的服從義務。所以，法律「義務」的內容就是：「服從法律規範的義務，即不為不法行為的義務。」

法律「義務」與法律「責任」相關聯，對於法律「義務」的違反所導致的制裁結果，稱之為法律「責任」。當法律責任僅就結果論，排除行為人的心理學條件，即不論其主觀認識或精神狀態，稱為「絕對責任」；如果附加行為人的心理學條件：預料與意圖，則稱為「過失責任」。

法律「義務」與「責任」的劃分實益，在於被制裁者與不法行為人非屬同一人時，即行為主體與制裁客體的不同一，如對於「法人」的制裁，通常負有行為義務者是自然人，但受罰者是法人的情形。

（五）法律權利

法律「權利」相對於法律「義務」，與我的「權利」相對應的是某人的「義務」，如債權人與債務人的關係，只有每個人都嚴格遵守法律，才有可能同時享受法律權利。

凱爾森指出：

「權利不过是相互關聯的義務，一個人以一定方式行為的權利，就是另一人對此人以一定方式行為的義務。」[8]

"A 'right' in this sense is nothing but the correlative of a duty. The right of one individual to conduct himself in a certain way is the duty of another individual to conduct himself in a certain way toward the former."

（六）自然人與法人

「法人」乃是一種思維的虛擬，將法律權利與義務規範予以人格化，成為一個統一體或實體。如同原始的萬物有靈論（Animism）：可見的客體背後藏有不可見的精神或靈魂。

「法人」與「自然人」雖然本質不同（可見的與不可見的），但是，「法人」是法律所規定創設的權利義務的統一體，而「自然人」也是法律規範綜合的人格，如此看來，自然人其實就是法人。既然自然人是法人，則在法律領域只存在法人。

有些政治理論將「法人」或「社團」認為是具有自我意志的「有機體」，其根本錯誤就是將「法人」（Person）等同於「人」（Human being）。這種「雙重化」的過程是：首先，將調整人的行為的秩序予以「人格化」；其次，再將這個「人格化」予以「本體化」，就轉變成為一個「實體」。

「社團」其實就是「法人」組織，是調整「人」的行為的法秩序，並沒有什麼共同體或實體的存在，真正存在的只是法的規範而已。

二、法律位階

（一）法律秩序

8 Hans Kelsen, *General Theory of Law and State*, p. 77.

法律秩序就是法律規範體系，即法律規範的整體，由一個以「基本規範」為基礎所建構而成的規範體系。

法律規範的效力可以從「靜態」與「動態」方面來看：

1. **靜態性體系：**法律效力的依據是本身固有的「強制性」。
2. **動態性體系：**法律效力的依據在於不同位階的法律規範的委托授權關係。

（二）法的動態體系

對於規範體系的動態考察，是針對不同規範之間的授權、創造與位階等特性來進行理解。動態的法律秩序，其效力則來自一個有效的法律授權等級。

授權位階關係必須預設一個最高的規範，即「基礎規範」:《憲法》。

法的「位階性」表示：法律秩序是法律規範的體系，各種規範之間是上、下層級的關係。「基礎規範」經由委托授權產生「高級規範」;「高級規範」經由委托授權產生「低級規範」。

依循一定委託授權規則所創造出來的法規範，包括「制定法」與「習慣法」，都屬於「實定法」，法律與道德是兩種截然不同的概念。凱爾森說的很明白：

> 「法律規範可以有任何種類的內容，任何種類的人類行為，因為它的本性，都能形成與其法律權利相對應的法律義務。法律規範的效力不能根據其內容與某些道德或政治價值不相容而被質疑，一個規範之所以是有效力的法律規範，在於且僅僅在於它是依據一個特定的規則而被創造出來的。」
>
> *"Legal norms may have any kind of content. There is no kind of human behavior that, because of its nature, could not be made into a legal duty corresponding to a legal right. The validity of a legal norm cannot be questioned on the ground that its contents are incompatible with some moral or political value. A norm is a valid legal norm by virtue of the fact that it has been created according to a definite rule*

and by virtue thereof only.” [9]

（三）規範階層

前段提到法律秩序是不同等級規範的階層體系，「基礎規範」創造「高級規範」，「高級規範」創造「低級規範」。從實定法看來，可以區分為以下形態：

1. **憲法**

   由創造法律的基本規則所構成，包括決定立法之機關與程序，法律的內容及限制，做為法律創造的淵源。

2. **法律**

   依法定立法程序所創造的法律規範，包括制定法與習慣法，決定適用機關及程序，並規定適用機關的司法或行政行為。

3. **行政規則或命令**

   行政機關基於法律授權所創造的個別規範。

4. **判例**

   判決是創造個別規範（法官立法）的司法行為，而「判例」透過法院層級，對於所有相類似案件具有拘束力。

5. **私人自治**

   在私法關係中，當事人創造調整其行為的規範。例如「契約」是典型的私法行為，二人或以上意志的要約與承諾，構成雙方權利、義務及其法律責任。

（四）效力與實效

法律「效力」是形式上的合法權力，凡依據一定的授權程序所制定的規範，均具有合法的效力；而「實效」則是具有現實上的權力。在某種情形下，具有效力的法律可能因人們拒絕適用而喪失其實效。

---

9 Hans Kelsen, *General Theory of Law and State*, p. 113.

一個有效力的法律，將因事實上的「廢棄」（annulled）成為徒具其文，或因程序上的「廢除」（desuetude）而喪失其效力。

「革命」是使用原規範秩序所不許可的方式，推翻及取代現行秩序的合法性，促使整個法律秩序發生變動。革命成功之後，舊的法律規範體系喪失其實效性，進而喪失其合法性。

所以一個有效力的法律規範的條件是：

1. 依法律秩序所規定的法定方法所創造；
2. 未受到廢棄或依法廢除；
3. 整個法律秩序仍具有實效性。

三、國家法與國際法

（一）國家法

「國家」概念的分歧，政治理論上常指稱為「社會」、「政府」或「民族」，但在「純粹法」的觀點，「國家」是「法人」，即國內法律秩序的人格化。

每個「國家」是一個特別的法律規範體系，在其上位還存在「國際法」的規範綜合體（a Complex of Norms）。

國際法對於「國家」的認定採「實效性」原則，如果一個政府能在一定領域內發布有效的強制命令，並獲得服從，就是國際法意義上的「國家」。

當國內法秩序的連續性遭致中斷，而由新的法秩序取代，並經其他具有利害關係的國家的承認，則產生新的「國家」，即國際法上適格的主體；否則只是新政府的產生。

（二）國際法

從整體法規範秩序的角度，全部的「實在法」，包括國際法律秩序與各國法律秩序。「國際法」是中央規範，在全部國家領土均有效力；「國家法」是地方規範，僅在該國領土有效，二者屬地效力範圍不同。

「國際法」對於不履行國際義務的國家，採以「報復」與「戰爭」的制裁。

對於國家不法行為的制裁結果，雖是以國家法人為主體，但是揭開這層人格化的面紗，這種制裁其實是以國家全體人民為對象。因此所謂的國家責任，不外乎是國家人民的集體責任，即所謂的「共業」。

（三）世界國家

從純粹法學觀點，存在著現實的「世界國家」建立的可能性，當「國際法」以集權方式使自己轉化為國內法秩序，並使其效力及於世界全部領土，即「世界國家」的創設。

（四）國際法與國內法的關係

「國際法」的主要功能，是使各國作為平等主體和平共存，因此其效力是普世的，甚至於在必要情形下，國際法可以調整規範對象，不僅是國家法人，也可能包括私人，例如國際販毒者。

從「國際法」體系來看，「國家」是「國際法」的機關，而國與國的法律秩序，形成一個完整的法律體系。

「國際法」的創造基於「條約」與「習慣」，「國際法」依據授權「國家法」之創造，所以國際法是國家法的上位規範。

「國際法」的層級，比較國內法的「憲法」－「法律」－「命令」－「判例」，國際法最低層級規範是「國際法院判決」；次低層級規範是「國際條約」；第一層次是「國際習慣法」。

當哲學家從政治角度上來考量，抱持民族主義或帝國主義者，必定贊同「國家有機體說」以及「國際法」與「國家法」的二元論；相對的，世界主義或和平主義者，則贊同「國家集合體說」以及「國際法」與「國家法」一元論。但從純粹法觀點，一元論才具有法學上的科學意義。

第四節　實質考察：羅爾斯公平正義論

作為一個現代政治哲學的復興者，羅爾斯認為政治哲學具有四項角色功能，即實用（practical）、定向（oriental）、調和（reconciliation）與理想（ideals），正義理論正是為了滿足這些功能而提出的：在自由主義的既有基礎之上，建立一種公平的正義社會。

誠然，「人」是生而平等的，但是放任此種自然平等隨意發展，將造成後天的社會不平等。因此，「正義」是對於此種後天的不平等處遇的矯正手段，藉以改善社會「最不利者」的處境。

所以「正義」是一種社會資源的調節原則，其一在於保障「人」的基本權利平等；其二在於消除來自於自然（天賦）與社會（出身、家庭、教育、環境）的不平等。

正義社會的運作受到「公共性正義規則」的制約。社會成員基於彼此的互惠性或相互性，建構一個世代相繼的「公平的社會合作體系」。

前項「正義原則」的有效性根源，來自於社會成員的接受、承認與信賴，所謂的「公平社會機制」是一種國內正義原則，適用於國內利益分配調整的基本結構，不涉入民族與民族之間的國際正義問題。

一、論證與推理

（一）預設情境

羅爾斯設想在「自然狀態」之前，將所有特殊的社會心理因素排除在外，如社會階層、地位、信仰、財富、族群、性別、天賦能力等等，參與協議的個人，在預先設想的「無知之幕」遮蔽之下，處於彼此對等的資訊空白狀況，稱之為「原初狀態」。

（二）成員素質

為促成群體之間達成公平的協議，公民的人格特質必須預先設定：

1. 所有公民必須擁有正義情感，能理解及實踐正義原則。
2. 所有公民必須擁有善的理解能力，能理性的追求善的觀念。

換言之，在自然狀態下的「人」必須具有認知能力與道德能力，使得互惠性的集合體成為可能。

（三）公共理性

公民社會的產生不是出自恐懼或自然本性，而是社會成員之間審慎明辨的「理性判斷」。在一個思想言論自由受到保障的「公共政治論壇」之中，互相討論辯難，形成「公共理性」或「交疊共識」，設定相互接受及承認的政治正義規範，最終組成符合理性的「多元主義公民社會」，就是一種「慎思的民主」（a deliberative democracy）。凱爾斯指出：

> 「公民將自身設想為立法者，並自問何種法案是受到滿足於互惠性準則的理由所支持的，他們將認為這種法案是最為合理去頒行。」[10]
>
> *"we say that ideally citizens are to think of themselves as they were legislators and ask themselves what statutes, supported by what reasons satisfying the criterion of reciprocity, they would think it most reasonable to enact."*

（四）正義原則

「正義原則」的中心理念，乃是立基於自由主義傳統的前提下，追求社會的合理分配，包括基本權利的平等、機會平等以及再分配正義。

羅爾斯在《正義論》、《政治自由主義》及《作為公平的正義》三書中均列舉了正義二原則，不過其文字內容雖迭有修正，其大意頗為雷同，以《作為公平的正義》之中所列出者最為明晰[11]：

1. 所有人對於平等的基本自由的充分適足的規制，具有相同的不可剝奪的主

10 John Rawls, *The Law of Peoples: with the idea of public reason revisited*, Cambridge: Harvard University. 1999, p. 135.

11 John Rawls, *Justice as fairness: a restatement*, pp. 42-43.

張，此規制與所有人均相同的自由規制是相容的。

2. 社會與經濟的不平等須滿足於兩種條件：

   (1) 職務與職位在機會公平均等的條件下對所有人開放；職務與職位在機會公平均等的條件下對所有人開放；

   (2) 對於社會最不利的成員的最大利益（差別原則）。

   "(a) Each person has the same indefeasible claim to a fully adequate scheme of equal basic liberties, which scheme is compatible with the same scheme of liberties for all;

   (b) Social and economic inequalities are to satisfy two conditions: first, they are to be attached to offices and positions open to all under conditions of fair equality of opportunity; and second, they are to be to the greatest benefit of the least-advantaged members of society (the difference principle)."

從正義二原則觀之，諾爾斯凸顯出的主要訴求是：

1. **「基本原則」：**基本自由權利與社會參與機會的保障，社會資源的產出與取得，均必須在社會合作的基本結構內，符合正義原則的運作，藉以維持社會和諧穩定的機制。

2. **「差異原則」：**彌補先天的不公平所導致分配的不公平，其中包括：出身階級、自然稟賦、人生機運、經濟環境等不可控制的偶然因素。

3. **「正義原則」：**力求社會機會之公開與公平，並矯正因偶然機遇所造成的社會不公平，如果不存在社會資源的再分配機制，則社會和諧將不易持續維持。

財產私有制的現代民主社會，政治僅是多元社會的一個環節，並不要求所有公民的普遍參與，有別於古希臘世界，公民的生命體現在政治參與之中，如城邦國家。此種制度的穩定，在於將「正義原則」嵌入政治制度與程序中，並經過社會化過程，使之成為一種內在的公民的道德力量。在健全的民主制度之中，公民的政治素養與制度的完備性同等重要。

（五）全球正義

1. 「萬民法」的概念

「萬民法」是哲學家對於世界和平的理想制度，但是這種理論建構的「烏托邦」，並非遙不可及，而是將「正義原則」由國內領域向國際領域擴展，原本的「國家公民」轉換為更普遍的「世界人民」。

「萬民法」的主體，不再是國家或是國內社會中的「公民」（Citizens），而是普遍概念的「人民」（Peoples）。「人民」的特徵包括：生活在自由民主制度之下；人民之間是文化上的共同情感結合；人民本質是道德理性，並且對於正義與權利具有堅強的信念。

2. 「萬民法」的原則

自由且理性的「人民」，對於政治「正義原則」的承認與接受，在維持疆域領土的穩定性前提下，促進各類型的合作組織，如保護公平貿易、金融借貸、人民聯盟等。

「萬民法」內容大致歸納如下：

(1)「正義戰爭」

國家的目標不能著眼於軍事、經濟權力、擴張與光榮，而是建立合理正義的民主憲政社會，包括基本權利、人民理性與互惠準則。自由人民的戰爭只能是為對抗法外國家所發起的自衛戰爭。

(2)「人民寬容」

人民社會的和平乃是不同生活制度下的人民的相互寬容，平等地參與人民社會，尊重其他人民的社會習俗與不同的道德信仰。

(3)「人權實現」

「人權」作為人民之間多元主義的基本要素，是所有生活在民主政體或其他政體的社會成員都擁有的普世權利，具有排斥他人不當的強行干涉的性質。

(4)「社會援助」

受到不利條件對待的社會，自由社會必須給予援助，此種援助不等同於經濟補貼（金援），而是改變社會不利的政治文化根源，促成合理與理性地管理社會事務。

3. **現實的烏托邦**

合理正義的人民社會不僅是烏托邦的理想，也具有可及的現實性。在社會的合理多元主義之下，不管是憲政民主社會，或是其他多樣的政治體制，能夠彼此共存，並在正義的政治原則之下逐步得到統一，對於基本權利與正義的政治原則獲致共識。

「正義原則」的最終目標是為了確保所有人自由以及自由秩序的持存與穩定。相對於堅持某種排他性意識形態的「原教旨主義」的偏狹與極端，互惠、共榮的「政治自由主義」是人類共同建構和平社會的基本信念。

CHAPTER

07

意志的寬容

事物的真理恆常顯現於相互差異的對象之中，因此，本章作為結論，將依據辯證推理模式，以黑格爾國家理論為「正題」，另以前章所述的四種相關理論為「反題」，據以提出能夠包容二端的分析模式為「合題」。

當然，這個「合題」也只是筆者的管見，每個理性的自由意志都可以創設一己的「理想國」與「烏托邦」。

一、**直接性：**黑格爾的國家理念。

二、**反思性：**國家理念的四維分析。

三、**同一性：**意志的謙遜。

第一節　直接性：黑格爾的國家理念

從黑格爾的相關著作，包括《法哲學原理》、《精神哲學》與《歷史哲學》，可以歸納出黑格爾對於國家的相關定義關係。

表 7.1：黑格爾國家定義彙整表

類別	內容	出處
名詞定義	國家是現實的與有機的精神 國家是真實的自由理念 國家是現實的倫理理念 國家是客觀精神 國家是具體自由的現實 國家是有機體 國家是作為當前精神的神的意志 國家是自我規定的完全的主權意志 國家是個別主體（國際關係） 國家是自由的實現 國家是存在於地上的神聖理念 國家是具有自我意識的倫理實體	PR§33 PR§57 PR§257 PR§257 PR§260 PR§269 PR§270 PR§279 PR§329 PH,P55 PH,P54 PM§535

類別	內容	出處
形容詞定義	國家自身是理性的 國家的本性是非契約關係的 國家是絕對理性的 國家是神自身在世界中的行進	PR§19 PR§75 PR§258 PR§258

註：PR：法哲學原理（Hegel's Philosophy of Right）
PH：歷史哲學（Lectures on the Philosophy of History）
PM：精神哲學（Hegel's Philosophy of Mind）

黑格爾的「國家」理念其實是自由意志的異化（Alienation），「異化」表示意志經過辯證過程所產生的質變與量變，成為另一種不受個別意志所掌握的「倫理實體」。

在「倫理實體」之中，個人理解到：真正的「獲得」其實是包含在「犧牲」之中，一、內在的：揚棄自由與任性（自律）；二、外在的：放棄勞動成果與財產享受（奉獻）。就在這種自我的犧牲與否定之中，顯現出兩條「真理之道」：一條是通往彼岸世界，即「上帝」；另一條通往現實的世界，即「國家」。

「國家」是一種倫理關係，國家是一個有機整體，其中權利與義務是同一的、人民的自由與國家的自由是同義的、人民的利益與國家的利益是一致的。

如果將「國家」看成是國際法上個別的「主體」，那麼國際關係就等同於霍布斯的自然狀態：自然狀態就是暴行與不法的狀態。從自然狀態衍生出來的自然權利，就是「物競天擇」：強者存在與暴力有理（The predominance of the strong and the reign of force）。

「民族精神」不僅只是軍事力量，它包含了整個民族的文明力量：一個民族的倫理生活、國家制度、藝術、宗教及科學的整體展現，而世界舞台正是各民族文明力量的對抗，最高的文明掌握了時代精神，時代精神的序列則鋪陳了整個世界歷史。

第二節　反思性：國家理念的四維分析

第六章所提出的四個反思理論，其中涉及「人」、「國家法」、「國際法」以及「世界法」等四個層次。

<table>
<tr><th colspan="6">表 7.2：國家概念的綜合比較表</th></tr>
<tr><th>主題</th><th>黑格爾</th><th>康德</th><th>羅爾斯</th><th>諾錫克</th><th>凱爾森</th></tr>
<tr><td>主體</td><td>倫理實體</td><td>自由人</td><td>公民</td><td>公民</td><td>人（法人）</td></tr>
<tr><td>國家形成</td><td>自然主義</td><td>社會契約</td><td>社會契約</td><td>自然主義</td><td>自然主義</td></tr>
<tr><td>國家法</td><td>君主立憲</td><td>共和制</td><td>自由民主</td><td rowspan="3">自由民主
烏托邦框架</td><td rowspan="3">法規範體系</td></tr>
<tr><td>國際法</td><td>無政府狀態</td><td>國際議會</td><td rowspan="2">萬民法
（人民社會）</td></tr>
<tr><td>世界法</td><td>世界歷史</td><td>世界公民權</td></tr>
</table>

從《法哲學》的正向角度來看，「法」的本質代表理性與秩序，此種「國家」之內的理性秩序，係對於安全與互助的基本需求，進展為對於「法規範」的強制履行，並轉換為對於基本權利的保障；最終 逐步擴展至國際法與世界法，形成一個自由、理性、寬容、和平的「人的世界」。

從《法哲學》的反向角度來看，「法」的本質代表暴力與壓榨，此種「國家」之內的「肅殺」秩序，係對於鞏固「獨夫意志」的量身打造，進展為對於「法規範」的扭曲變造，法律程序成為一種過場的「走龍套」，並轉換為「人神一體」、「萬壽無疆」的假象，最終成為國際動亂的根源，形成一個反理性、反人格、貪婪、腐化的「獸的世界」。

但是，這個實存的世界，既非「人的世界」，也非純然的「獸的世界」，而是善惡參雜、是非隱顯的「人獸世界」。

康德揭示了「世界法」的核心，即其「主體」必須由「國家」轉置為「人」，同樣的，羅爾斯傳承此種見解，主張以「人民」取代「公民」。這是從建構人類行為的普遍性法則著手，有效排除地域性阻隔的思維方法。

一、「力」的聚合模式

關於個人如何聚集成為國家組織，亦即國家的內聚形式。「內聚力」可劃分為同質之力與異質之力的聚合，從而使「國家」成為「有機體」或者是「集合體」。

從力學的範疇來判斷國家理念的面向，可以區分為兩種類型：

（一）同質性「力」的聚合

如果將由個體聚合為群體的「力」的綜合，視為同方向的「力」的相互增益的社會系統，那麼「國家」可以解釋為所有個體內聚力的最高表現，所有個體成為群體的同性質的「原子」，組合成一個「有機體」。

「國家」幻化為一種具有生命力的精神實體，個人為「國家」的生命延續作出奉獻，當然，這種解釋必然是形而上的或者是意識形態的。

同理，整個「民族有機體」的「力」必定是向外擴張的，如此，國際關係就是民族的力的較量，顯現在戰爭正義論以及歷史鬥爭論之上。

（二）異質性「力」的聚合

如果將「力」的綜合視為各個不同方向的「力」相互協調所形成的社會系統，那麼「國家」可以解釋為「力」的抵消與均衡作用，即社會狀態是所有個體相互妥協的結果，這是一種社會契約共識觀。「國家」是成就個體生命的一種「集合體」，其存在僅為個體實現其生命價值。當然，這種國家觀必然是自由主義的，顯現在理性及互惠與世界和平論之上。

藉此「主體」的轉換為以下兩種不同的分析視角：以「集合體」中的「人」為中心與以「有機體」的「國家」為中心。

二、兩種建構圖式

（一）以「人」為中心的圖式

如果以「公民」的人格及主體性為中心，在「人與社會」的知性關係中，社會作為滿足其需要的福利與幸福的基地；在「人與宗教」的信仰關係中，上帝作為虔敬的至高無條件的對象，宗教信仰是內在且不受干涉的；在「人與國家」的理性關係中，國家作為公平與正義的維繫者；在「人與世界」的交互關係中，世界作為友善交往的基地而存在。

「國家」是立基於自由民主原則之上的政治結構，對內是在尊重個人自由權利與市場競爭的前提之下，促進社會福利與個人目的實現；對外則是尊重各國主權獨立的前提下，維持本國的安全、和平與繁榮。

1. **人與國家**

   國家法的基本規範必須在程序上及內容上均符合公平與正義原則，在維持所有人的一定的最低生活水準之上，儘可能提供穩定的社會自由競爭結構，使所有人都能享有同等的合法自由權利，建構多元的生命目標。（凱爾森、羅爾斯與諾錫克）

2. **人與世界**

   國際社會的持存與穩定是全球共同成長的基本條件，因此在國際法上必須尊重基本條約、平等互惠與和平機制，世界人民的自由交流往來。（凱爾森、羅爾斯、康德）

3. **人與社會**

   俗人的空間即家庭與市民社會關係，也是個人福利與幸福的基地，此種幸福是社群所以成立的最終目的。（康德、諾錫克、羅爾斯）

4. **人與宗教**

   上帝的空間涉及整全性的道德觀，此種道德觀是多元的，在一個健全的社會，必須理性的尊重所有無侵害性的行為與信仰，這種個人意識中的絕對與虔敬，正是對於更高的倫理觀念所以犧牲與奉獻的來源，換個角度來說，實定法對於信仰必須是價值中立的。（黑格爾、康德、羅爾斯、凱爾森）

（二）以「國家」為中心的圖式

如果以「國家」機體為中心，在與社會的統合關係中，國家作為社會福利所以存在的基石；在與宗教的對應關係中，國家正是宗教內在理念的外在現實化；在與個人的臣屬關係中，國家作為權力與服從的對象；在與世界的思維關係中，世界作為強權與利害競逐的舞台。

國家是立基於普遍精神的有機結構，對內是凝聚群體力量，促進國家的普遍福利與目的，個人與國家的關係是量的關係；對外則是明智算計與強權運用，最高的指導原則是本國的利益。因此國家概念分析亦處於四個相互對應的概念之中：

1. 國家之內

「國家法」恆常處於實定法與自然法的對立之中，實定法是具有對象性的特殊法律體系，而自然法則是普遍性的法的理想原則，因此二者是「實然」與「應然」的關係，換言之，實定法透過廢止與修正，不斷向自然法逼進，其中，無限性是一種法的動態過程。

2. 國家之外

「國際法」恆常處於無文狀態與文明狀態的對立，在和平與戰爭之中，一方是對於理性與秩序的要求，另一方則側重於感性與利益。現實的國際關係就是「動」與「靜」的對立關係，理性與感性、戰與和的循環過程。

3. 國家之下

「市民社會」表現在人與人的交互關係，因此恆常處於個體自由的發與對於個體自由的限制之上，其本質是自律與他律的相互轉換。群體自由是一種虛擬的東西，相對於個體自由，雙方是與「虛」與「實」的對立關係。

4. 國家之上

「上帝」代表的彼岸世界，是精神所不得不然的先設，換言之，上帝是一種倫理性的至善，面對現實的不完善，所提供的心理上的補足，一種對於絕對性的想望。因此，民族精神與上帝，恆常處於「法」與「道德」的對立，即精神的「外在」客觀性與「內在」絕對性的對立關係。回到黑格爾的《法哲學》，雖然把國家神聖化，但是國家仍僅屬於客觀精神，是要從屬於宗教與哲學的絕對精神。

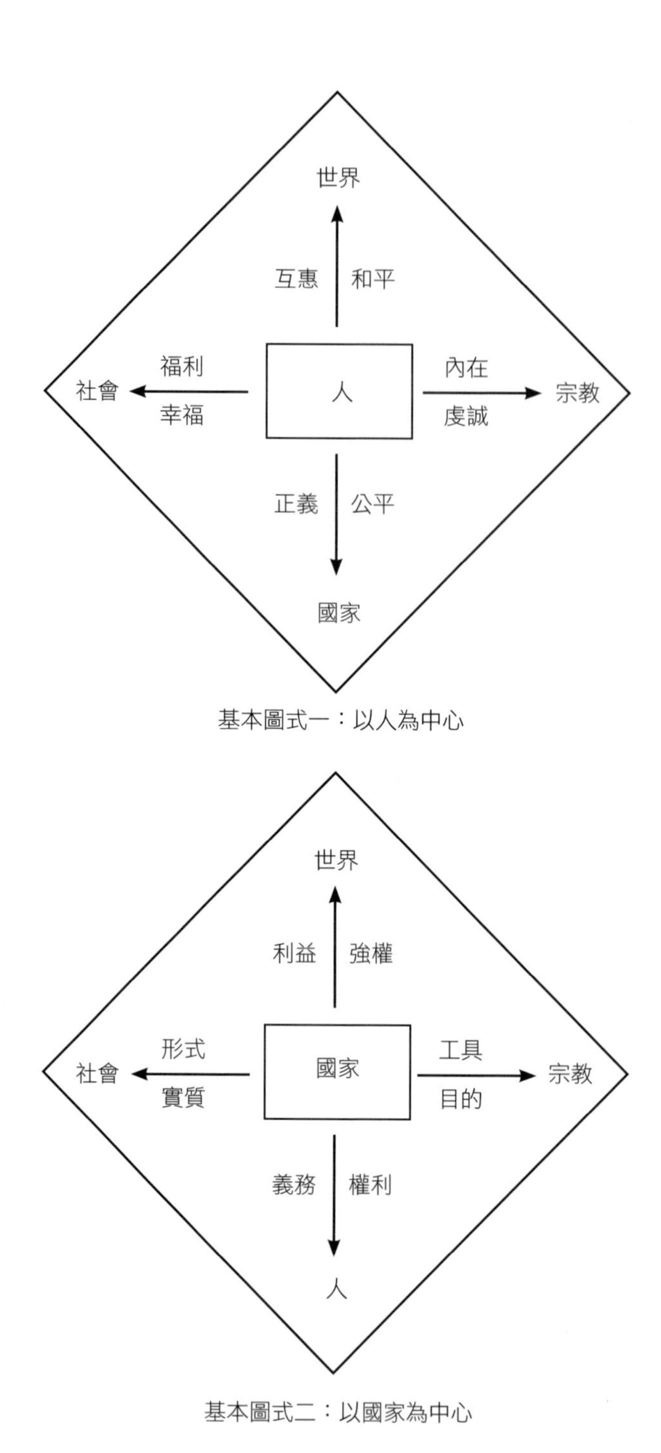

基本圖式一：以人為中心

基本圖式二：以國家為中心

第三節　同一性：意志的謙遜

原始而野蠻的「自由意志」是不受控制的猛獸，在自然狀態向文明世界的轉換過程中，人們為自身建構了兩種束縛：「法的牢籠」與「道德韁繩」。「法」所代表的意志，是過去歷史的積累產物，永遠不會是現代人的意志，「法」的殘渣必須適時汰除；「道德」如果成為約束人心的規律，同樣有可能是盲目的獨斷，必須與時俱進。

可貴的是「自由意志」也同時具有反思的力量，「理性」使得人類族群能夠由自然狀態演進到文明狀態，由戰爭及恐懼進展到和平與祥和。

所有的事物都具有本質上的衝突關係：個體與群體、野蠻與文明、現實與理想。「自由」與「權利」不是上帝的賜予，而是先人的血與汗所灌溉出來的，真正的主體就只能是「人」，所有真實的東西就只有是「人的生活」。

「真理」是一個不斷向「絕對者」趨近的自我分化與同一的過程，據此產生的明晰性概念是：「否定性」只能是中介，不可能是結果；矛盾與對立是事物的本質，但絕非事物的「真理」。

誠如法國大革命時期羅蘭夫人（Madame Roland）被送上斷頭臺時所言：「自由，有多少犯罪假汝之名以行！」[1]「蘇格拉底之死」是一種對於否定自由思維的最深刻的悲劇，基於人性中的偏執與狂妄，「宗教裁判所」[2] 始終假託於真理，或明或隱地潛藏在「法律」與「誡命」之中。

「精神」的基礎是「物質」，「道德」的基礎是「權利」，沒有「物質」的支持，「精神」難以精進；沒有「權利」的奠基，「道德」難以彰顯。真正的「自由」是來自意志的自我反思與自我約制，即謙遜（Humility）與寬容（Tolerance）。

1　David Miller(ed.), *The blackwell Encyclopedia of Political Thought*, New York: Basil Blackwell Inc, 1987, p. 163, *"Liberty, what crimes have been committed in thy name!"*

2　宗教裁判所是中古世紀天主教會專門負責偵查、審判和裁決宗教思想不同的異端分子，偏離主流教義嚴重且拒不悔改者可處以火刑。

僅以伏爾泰[3]充滿譏諷的名句作為結語

「(上帝啊！)請讓那些在正午時分點起蠟燭讚頌您的人們，能夠寬容那些只滿足於來自居處於蒼穹之心的宏偉行星的陽光的人。」[4]

"May those who worship thee by the light of tapers at noon-day ，bear charitably with those who content themselves with the light of that glorious planet thou haft placed in the midst of the heavens!"

人性發於感性、長於知性、成於理性，等待智性圓熟時，看似錢塘怒潮般的群體湧動，在沉靜清澈的理性之海中，不過如一波微不足道的漣漪，屆時諸君必然可以高頌：

「請不要恣意將你認為的真理之光靠近我，以免妨礙我曬太陽！」

---

3 伏爾泰（Voltaire, 1694-1778），法國啟蒙時代主要思想家。

4 M. De Voltaire, *A Treatise upon Toleration,* Trans. by T. Smollett, chap. 24.

專有名詞中英文對照*

絕對　Absolute
絕對理念　Absolute Idea
絕對唯心主義　Absolute Idealism
絕對責任　Absolute Responsibility
絕對精神　Absolute Spirit
抽象法　Abstract Right/ Abstrakt Rechts
自然狀態　ACondition of Nature
現實性　Actuality/ Die Wirklichkeit
告德意志國民書　Addresses to the German Nation
感性　Sensibility/ Sinnlichkeit
目的　Aim
異化　Alienation
萬物有靈論　Animism
有機整體　An Organic Whole
自身之中的被動性　APassivity in Myself
現象　Appearance/ Die Erscheinung
經驗之先　A Priori
緊急避難權　A Right of Distress
英雄權利　A Right of Heroes
法律狀態　A Rightful Condition
性的關係　A Sexual Relation
自然狀態　A State of Nature
單一序列　ASingle Continuum
社群　Association
雅典那　Athene（The Spirit of a Nation）
授權　Authorize（Empower）
野蠻民族　Barbarians
變化　Becoming/ das Werden
存在　Being/ Sein
自為　Being-for-Itself
自在　Being-in-Itself
自在且自為　Being-in-Itself and for-Itself
有產者　Burgher / Bourgeois
範疇　Kategory
公民　Citizen
市民社會　Civil Society
文明民族　Civilized Nation
等級榮譽　Class-honor
權利衝突　Clash of Right
共同所有制　Collective Ownership
誡命　Command
共同意志　Common Will
規範綜合體　Complex of Norms
良知　Conscience
概念　Concept (Notion)/ Begriff
偶然性　Contingency
意識　Consciousness
君主立憲制　Constitutional Monarchy
契約　Contract
矛盾　Contradiction
和平盟約　Covenant of Peace
習俗　Convention
信念　Conviction
世界性體制　Cosmopolitan Constitution
世界法權　Cosmopolitan Right
犯罪　Crime
批判與檢證　Criticize and Test
專制　Despotism
發展　Development
辯證　Dialectic/ Dialektik
雙元革命　Dual Revolution
義務　Duty
要素　Elements
經驗主義　Empiricism
對外主權　External Sovereignty
本質　Essence/ *Wesen*
倫理規則　Ethical order
倫理　Ethical Life/ Sittlichkeit
倫理中立　Ethical Neutrality
顯然不利　Excessive Damage

*　部分主要專有名詞附加德文。

交換　Exchange
感情　Feeling
形式契約　Formal Contract
暴力壟斷　Force Monopoly
烏托邦框架　Framework for Utopia
詐欺　Fraud
自由　Freedom
法國大革命　French Revolution
原教旨主義　Fundamentalist
普遍意志　General Will
贈與　Gift
上帝　God
善　Good
哥德式建築　Gothic Architecture
世襲種姓制度　Hereditary Castes
人性　Humanity
謙遜　Humility
偽善　Hypocrisy
理念　Idea/ *Idee*
唯心論　Idealism
同一　Identity
我在　I exist
直接　Immediacy
律令　Imperative
可歸罪性　Imputability
歸罪　Impute
個別性　Individuality
看不見的手　Invisible-hand
間接故意　Indirect Intention
個別　Individual
工業革命　Industrial Revolution
理智直觀　Intellectual Intuition
國際法　International Law
直觀知識　Intuitive knowledge
陪審制　Jury
作為公平的正義　Justice as Fairness
持有正義　Justice in Holdings
矛盾律　Law of Contradiction
世界法　Laws of the World
合法性　Legitimacy(Legality)
自由意志主義　Libertarianism
自由主義　Liberalism
解放　Liberation
支配權　Mastery over things
準則　Maxim
中介　Mediation
心智表象　Mental Image
一夫一妻制　Monogamy
道德　Morals/ Sitten（康德用詞）
道德　Morality/ Moraliät（黑格爾用詞）
道德行為　Moral Action
道德規律　Moral Law
動機　Motive
合意　Mutual Consent
相互保護性社團　Mutual-protection Association
自然法　Nature Law/ Naturrecht
必然性　Necessity
無犯意的不法　Non-malicious Wrong
客觀性　Objectivity
要約與承諾　Offer and Acceptance
有機體　Organism
應然　ought to be
特殊　Particular
愛國心　Patriotism(Patriotic Feeling)
人民　People
感知　Perception
永久性國家議會　Permanent Congress of States
人格權　Personal Right/ Jus ad Personam
精神現象學　Phenomenology of Mind/ Phänomenologie des Geistes
警察　Police
政治自由主義　Political Liberalism
實定法　Positive Law
實定條約　Positive Treaty
占有　Possession(Occupancy)
可能性　Possibility
判例　Precedent
私人保護機構　Private Protective Agency
公共輿論　Public Opinion
公開性　Publicity

預設 Presupposition
私有財產制 Private Ownership
私人自治 Private Autonomy
禁令 Prohibition
特殊性 Particularity
貧民性格 Rabble Mentality
實在契約 Real Contract
理性 Reason/ Vernunft
合理多元主義 Reasonable Pluralism
互惠性或相互性 Reciprocity or Mutuality
和解 Reconciliation
反思 Reflextion
行政規則或命令 Regulations or Ordinances
轉讓 Relinquishment
表象 Representation/ Vorstellung
共和制 Republican
合理正義的人民社會 Reasonably Just Society of Peoples
歸責 Responsible
責任 Responsibility
報復 Retribution
復仇 Revenge
法 Right/ Recht
參訪權 Right of Visitation
俗世之神 Secular Deity
自我實現 Self-Actualization
自我決定 Self-Determining
自身立法 Self-Legislative
感性直觀 Sensible Intuition
感性 Sensibility
假象 Showing
社會共同體 Social Unity
精神 Spirit(mind)/ Geist
制定法與習慣法 Statutory and Customary Law
主體 Subject
實體 Substance/ Die Substanz
揚棄 Supersede/ Aufheben
迷信 Superstition
直接占有 Taking Possession
世界精神 The Spirit of The World
法律規範體系 System of Norms
絕對者 The Absolute
行為 The Action
概念的現實化 The Actualization of The Concept
司法行政 The Administration of Justice
想像力的美感活動 The Aesthetic of The Imagination
時代精神 The Age of Spirit
文治 The Civil Power
等級 The Class/ Die Stände
商業精神 The Commercial Spirit
無行為能力 The Complete Irresponsibility
同業公會 The Corporation/ Die Korporation
批判哲學 The Critical Philosophy(Criticism)
王權 The Crown
理性的狡計 The Cunning of Reason
行動 The Deed
正式條款 The Definitive Articles
不法行為 The Delict
辯證三段式 The Dialectic Triad
獨斷主義 The Dogmatic
支配的保護性社團 The Dominant Protective Association
伊比鳩魯學派 The Epicurean
倫理性的解體 The Ethical Dissolution
民族的倫理生活 The Ethical Life of a Nation
倫理實體 The Ethical Substance
行政權 The Executive
人性自身即是目的公式 The Formula of Humanity as End in Itself
普遍解放 The General Emancipation
普遍財富 The General Wealth
普遍意志 The General Will
理想 The Ideal
意識的同一性 The Identity of Consciousness
個別意志 The Individual Will
產業等級 The Industrial Class
立法權 The Legislature
主人與奴隸 The Master and The Slave
試誤法 The Method of Trial and Error
武功 The Military Power

民族國家　The Nation-State
非我　The not-self
客體　The Object/ Das Objekt
國家機體　The Organism of The State
土地原始共有　The Original Community of Land
原初狀態　The Original Position
特殊意志　The ParticularWill
家神　The Penates
預備條款　The Preliminary Articles
意志的自律原則　The Principle of The Autonomy of The Will
無產階級革命　The Proletariat Revolution
物　The Thing / Das Ding
思維－認識－概念　Thinking-Knowledge-Notions
實現了的概念　The Realized Notion
代議制　The Representative System
自我　The self
絕對主體的自我　The Self as Absolute Subject
意志的自我規定　The Self-determination of The Will
正、反、合　Thesis-Antithesis-Synthesis
斯多葛學派　The Stoic
實體性等級　The Substantial Class
道德的至高原則　The Supreme Principle of Morality
體系　The System
普遍的等級　The Universal Class
保安權力　The Universal Guarantees Security
物自身　Thing-in-itself/ das Ding an sich
類　The Species(Kind)
國家　The State/ Der Staat
需要體系　The System of Needs
超低限度國家　The Ultraminimal State
世界法庭　The World's Court of Judgment
寬容　Tolerance
知性　Understanding/ Verstand
國家聯合體　Universal Association of States
普遍性　Universality
無主物　Unowned
統一　Unity
普遍　Universal
普遍友好　Universal Hospitality
普遍福利　Universal Welfare
使用　Use
傭僕心理　Valet Psychologists
價值判斷　Value-Judgment
德性　Virtue/ Tugend
福利　Welfare
時代精神的民族　World-Historic Nation
世界歷史　World History
世界共和國　World-Republic
世界精神　World Spirit
不法　Wrong

參考文獻

一、黑格爾著作

Hegel, G. W. F. (1970) Werke in 20 Bänden/ Suhrkamp Verlag, Band 7: Grundlinien Der Philosophie Des Rechts: Oder Naturrecht Und Staatswissenschaft Im Grundrisse.

---(1956), *Lectures on the Philosophy of History*, Trans. J. Sibree, New York: Dover.

---(1967), *Hegel's Philosophy of Right*, Trans. T. M. Knox, London: Oxford University Press.

---(1969), *Hegel's Science of Logic*, Trans. A. V. Miller, London: Allen and Unwin.

---(1971), *Hegel's Philosophy of Mind*: *Being Part Three of the Encyclopaedia of Philosophical Sciences*, Trans. William Wallace, Oxford: Clarendon Press.

---(1975), *Hegel's Logic*, Trans. William Wallace, London: Oxford University.

---(1977), *Phenomenology of Spirit*, Trans. A. V. Miller, London: Oxford University Press.

---(1977), *The Difference Between Fichte's and Schelling's System of Philosophy*, trans. H. S. Harris and W. Cerf, Albany: State University of New York Press.

---(1991), *The Encyclopedia Logic: Part 1 of the Encyclopaedia of Philosophical Sciences*, trans. T. F. Geraets, W. A. Suchting, and H. S. Harris, Indianapolis: Hackett.

---(1991), *Elements of the Philosophy of Right*, Ed. Allen W. Wood, Trans. H. B. Nisbet, Cambridge: Cambridge University Press.

---(1999), *Political Writings*, Ed. Laurence Dickey and H. B. Nisbet, Trans. H. B Nisbet, Cambridge: Cambridge University Press.

---(2009), *Lectures on the History of Philosophy*, three volumes, Ed. and Trans. Robert F. Brown, Oxford: Oxford University Press.

---(2010), *The Science of Logic*, Ed. and Trans. George di Giovanni, Cambridge: Cambridge University Press.

---(2012), *Lectures on Natural Right and Political Science*: *The First Philosophy of Right*(Heidelberg, 1817-1818), Transcribed by Peter Wannenmann, Tran. J. M. Stewart and P. C. Hodgson, Berkeley: University of California Press.

---（1979），《精神現象學》，賀麟、王玖興譯，北京：商務。

---（1987），《大邏輯》，楊一之譯，台北：谷風出版社。

---（1996），《哲學史講演錄》四卷本，賀麟、王太慶譯，北京：商務。

---（2005），《小邏輯》，賀麟譯，台北：台灣商務。

---（2006），《精神哲學》，楊祖陶譯，北京：人民出版社。

---（2006），《歷史哲學》，王造時譯，上海：上海世紀。

---（2008），《黑格爾政治著作選》，薛華譯，北京：中國法制。

---（2009），《法哲學原理》，范揚、張企泰譯，北京：商務。

二、英文參考書目

Aristotle(1999), *Politics*, Trans. Benjamin Jowett, Batoche Books.

Audi, Robert (ed.) (1999), *The Cambridge Dictionary of Philosophy, Second edition*, Cambridge: Cambridge University Press.

Bunnin, Nicholas(ed.) (2004), *The Blackwell Dictionary of Western Philosophy*, Malden: Blackwell Publishing.

Cassirer, Ernst(2009), *The question of Jean-Jacques Rousseau*, Trans. Peter Gay, New Haven: Yale University Press.

Fichte, J. G.(2003), *Foundations of the Entire Science of Knowledge*, Ed. & Trans. Peter Heath & John Lachs, Cambridge: Cambridge University Press.

Houlgate, Stephen(2005), *An Introduction to Hegel: Freedom, Truth and History*, Malde: Blackwell Publishing Ltd.

Kant, Immanuel(1917), *Perpeture Peace*, Trans. M. Campbell Smith, London: Allen & Unwin.

---(1996), *Practical Philosophy*, Ed. and Tans. Mary J. Gregor, Cambridge: Cambridge University Press.

---(1991), *The Metaphysics of Morals*, Trans. Mary J. Gregor, Cambridge: Cambridge University Press.

---(1998), *Kant's Critique of Pure Reason*, Trans. P. Guyer, Cambridge: Cambridge University Press.

---(2002), *Critique of Practival Reason*, Trans. Werner S. Pluhar, Indianapolis: Hackett Publishing Company.

---(2002), *Groundwork of The metaphysics of morals*, Ed. & Trans. Allen W. Wood, New Haven: Yale University Press.

Kelsen, Hans(1949), *General Theory of Law and State*, Trans. Anders Wedberg, Cambridge: Harvard University Press.

Mannheim, Kar(1936), *Ideaology and Utopia*, Trans. Louis Wirth and Edward Shils, New York: Harcourt, Brace & World Inc.

Marcuse, Herbert(1954), *Reason and Revolution*, New York: The Humanities Press.

Marx, Karl(1968), *Select Essays by Karl Marx*, Trans. H. J. Stenning, New York: Libraries Press, Inc.

---(1970), *Critique of Hegel's Philosophy of Right (1843)*, Trans. Joseph O'Malley, Oxford: Oxford University Press.

Miller, David(ed.) (1987), *The Blackwell Encyclopedia of Political Thought*, New York: Basil Blackwell Inc.

Nozick, Robert(1999), *Anarchy , State, and Utopia*, Oxford: Blackwell.

Pippin, Robert B.(1989), *Hegel's Idealism: The Satisfactions of Self-Consciousness*, Cambridge: Cambridge University Press.

---(2008), *Hegel's Practical Philosophy: Rational Agency as Ethical Life*, Cambridge: Cambridge University Press.

Plato(1997), *Complete Work*, Ed. Copper John M. Indianapolis: Hackett publishing co.

Popper, Karl(1945), *The Open Society and Its Enemies*, 2 volumes, London: Routledge.

Rawls, John(1999), *The Law of Peoples: with The idea of public reason revisited*, Cambridge: Harvard University.

---(2000), *Lectures on the History of Moral Philosophy*, Ed. Barbara Herman, Cambridge: Harvard University.

---(2001), *Justice as Fairness: a restatement*, Ed. Erin Kelly, Cambridge: Harvard University Press.

Rousseau, Jean-Jacques(1997), *The Social Contract and other political writings*, Trans. Victor Gourevitch, Cambridge: Cambridge University.

---(2002), *The social contract and The first and second discourses*, Ed. & Trans. Susan Dunn, New Haven: Yale University.

Schelling, F. W. J.(2001), *System of Transcendental Idealism*, Trans. Peter Heath, Charllottesville: Virginia University Press.

Taylor, Charles(1975), *Hegel*, Cambridge: Cambridge University Press.

Weber, Max(1949), *The Methodology of the Social Sciences*, Trans. and Ed. E. A. Shils and H. A. Finch, Glencoe: The Free Press.

Wood, Allen W.(1990), *Hegel's Ethical Thought*, Cambridge: Cambridge University Press.

---(1999), *Kant's Ethical Thought*, Cambridge: Cambridge University Press.

三、中文參考書目

馬克思（1962），《馬克思恩格思全集》第一卷，北京：人民出版社。

洪鎌德（2007），《黑格爾哲學之當代詮釋》，台北：人本自然。

楊祖陶（2001），《康德黑格爾哲學研究》，武漢：武漢大學。

鄧曉芒（2008），《思辨的張力－－黑格爾辯證法新探》，北京：商務。

賀麟（2011），《黑格爾哲學講演集》，上海：上海人民。

馬克思 (2012），《黑格爾辯證法和哲學的一般批判》，賀麟譯，上海：上海人民。

Henrich, D（2006），《康德與黑格爾之間》，彭文本譯，台北，商周。

Kroner, Richard（1985），《論康德與黑格爾》，關子尹譯，台北：聯經。

Marcuse,Herbert（1993），《理性與革命》，程志民等譯，重慶：重慶出版社。

Popper, Karl. R.（1992），《開放社會及其敵人》，莊文瑞、李英明編譯，台北：桂冠。

Walsh ,W.H.（2008），《歷史哲學導論》，何兆武等譯，北京：北京大學。